Editorial Gustavo Gili, SA

08029 Barcelona   Rosselló, 87-89. Tel. 93 322 8161
México, Naucalpan 53050   Valle de Bravo, 21. Tel. 560 60 11

Stephen Hodder

GG®

A cargo de/*Editor*
Xavier Güell

Traducciones/*Translations:*
Camila Enrich Schröder con/*with* Straddle 3

El texto, con excepción de la introducción, es de *Stephen Hodder*
The text, with the exception of the introduction, is by Stephen Hodder

© Editorial Gustavo Gili, SA, Barcelona 1999

Printed in Spain
ISBN: 84-252-1788-1
Depósito legal: B. 22.705-1999
Impresión: Grafos, SA. Arte sobre papel

Índice

Contents

Hodder Associates, una arquitectura auténtica

Hugh Pearman

Hodder Associates, an authentic architecture

Hugh Pearman

Durante la etapa geológica cámbrica, hace unos 570 millones de años, tuvo lugar una breve eclosión de vida animal que provocó la aparición de abundantes criaturas de morfología extraña y compleja. Los científicos, al descubrir esto, se quedaron atónitos. Hasta entonces, se había presupuesto que la evolución se desarrollaba de manera lenta y continua; no al ritmo de repentinas explosiones de frenética actividad. En la década de los cuarenta, el genetista Richard Goldschmidt presentó la teoría de los Monstruos Viables. Más tarde, en los años ochenta, sus discípulos, confirmaron esta teoría al identificar los genes responsables. La hipótesis de Goldschmidt defendía que la evolución había puesto a prueba a todos los tipos de diseños genéticos, la mayoría de los cuales no la superó. Sin embargo, algunos resultaron ser muy resistentes y adaptables. En la actualidad, en el planeta existen animales cuya ascendencia se remonta hasta el experimental período cámbrico. Los Monstruos Viables cuyas esperanzas de vida se extinguieron sólo permanecen en los registros de fósiles y en las animaciones por ordenador.

Puede parecer ingenuo comparar la convulsión de la arquitectura de finales del siglo XX con la intensa actividad de la evolución durante el período cámbrico. No obstante, esta parábola científica sorprende por su veracidad. Las réplicas surgidas después de la revelación del movimiento moderno convencional —alrededor de 1971, año del concurso de lo que acabó siendo el Centro Pompidou de París— provocó todo tipo de estilos arquitectónicos, desde el neo-vernacular hasta el deconstructivismo. Al mismo tiempo, muchos monstruos de la escuela pos-moderna se lanzaron a una existencia exótica, desapareciendo con la misma velocidad con la que aparecieron. Durante los últimos años de este período, también surgió una raza de arquitectos que abogaba por el concepto de "modernidad adaptable". No eran ni arquitectos del *ancien régime*, inquietos por los sucesos, ni arquitectos del *boom* de los ochenta, arrastrados por el efecto de una economía nada sostenible. Eran arquitectos jóvenes y serios que se abrían camino entre el austero clima económico de principio de los años noventa. Se dieron cuenta de que la arquitectura moderna necesitaba limpiarse y, así, saldría ganando.

Hodder Associates empezó a adquirir su reputación durante ésta difícil época de reflexión. Es importante destacar que el grupo comenzó en Manchester, en el noreste de Inglaterra, y no en Londres, donde se concentraba la gran mayoría de jóvenes arquitectos británicos; y no sólo por el provechoso aislamiento de la febril escena londinense sino por

In the Cambrian geological period, starting around 570 million years ago, a sudden and extraordinary blossoming of animal life occurred in a relatively short time, leading to a plenitude of often bizarre and complex creatures. On discovering this, scientists were at first baffled. Until then, the assumption had been that evolution was a slow and steady process rather than one prone to sudden bursts of activity. To explain this, in the 1940s the geneticist Richard Goldschmidt proposed his theory of 'Hopeful Monsters'. The theory was effectively proved by his successors in the 1980s who identified the specialist genes responsible. Evolution, Goldschmidt hypothesised, had rapidly tested all kinds of different design - most of which turned out to be failures. Some, however, proved very durable and very adaptable. There are creatures living on earth today that can be traced back to that Cambrian testing ground. The hopeful monsters whose hopes were dashed, however, survive only in the fossil record and in conjectural computer animations.

It might seem fanciful to compare the upheaval in architecture in the closing years of the 20th century with that Cambrian period of intense evolutionary activity. Yet this scientific parable is curiously compelling. The period of aftershocks following the re-evaluation of conventional modernism —shall we say from 1971, the year of the competition for what became the Pompidou Centre in Paris— threw up all manner of architectural styles, from Neo-Vernacular to Deconstruction. Along the way numerous hopeful monsters of the postmodern school shot rapidly into exotic existence, and equally rapidly became extinct. But what also emerged during the latter part of this period was a breed of architect that believed in the notion of an adaptable modernism. These were not architects of the ancien régime, unsettled by events, nor architects of the 1980s boom, carried along on the froth of an unsustainable economy. No, they were serious young architects, making their way in the stern economic climate of the early 1990s, who realised that modernism needed to be cleansed, and would be the better for it.

Hodder Associates began to make its reputation during this difficult, reflective, period. It is significant that the practice began in Manchester, in England's northwest, rather than in London where the vast majority of Britain's architects are concentrated: not only because of its happy isolation from the sometimes febrile London scene, but because of the toughness and vigour of the place itself, which surely transfers through to the architecture created there. Manchester was one of the first of the industrial cities of the United Kingdom to

la rudeza y el vigor del lugar, que probablemente se transmite a la arquitectura que ahí se crea. Manchester fue una de las primeras ciudades industriales que se reinventó a sí misma para la era posindustrial, alcanzando su máxima expresión a finales de los ochenta y principios de los noventa. Manchester se convirtió en el centro de lo que ahora se denominan "industrias creativas", es decir, discográficas independientes, discotecas, diseñadores gráficos y de ropa o productoras televisivas. El centro de la ciudad, que se había quedado vacío y abandonado, empezó a encontrar nuevos usos. Castlefields, un barrio histórico prácticamente olvidado, recobró vida y se reveló como un palimpsesto de actividades desarrolladas desde la época romana hasta los fervorosos trabajos industriales y de transporte de finales del siglo XIX. Fue aquí exactamente, entre viaductos ferroviarios y dársenas de canales, donde empezó a desarrollarse un caldo de cultivo para los grupos de jóvenes arquitectos.

Hodder Associates comenzó de manera modesta y convencional. El primer proyecto fue una pequeña tienda de moda, L'Homme, realizado en colaboración con Andrée Putman y Ecart International de París, el cual puede leerse como un ejercicio de formación. Con este trabajo, Hodder dio su primer paso en la transformación y ampliación de los conceptos del movimiento moderno. Desde una perspectiva actual, se puede observar que la obra es de una notable simplicidad. La tienda —con suelos de madera, estanterías de vidrio, pasamanos semi-industriales y una iluminación integrada en el sistema de equipamiento— adopta una estética minimalista en una época en que el diseño recargado estaba muy en boga: lo que cuenta, es tanto lo que hay como lo que se omite.

No obstante, el grupo consiguió llamar la atención del Reino Unido al ganar el concurso para una piscina en Colne, Lancashire; una ciudad industrial con un paraje inconfundible por sus casas escalonadas que dibujan una silueta en forma de sierra. Este contexto urbano demostró ser una poderosa referencia formal para los nuevos edificios. El proyecto, que contaba con un exiguo presupuesto, consistía en la ampliación de un centro deportivo público situado al pie de una montaña, en uno de los extremos de la ciudad. La respuesta del grupo se basó en la idea de tomar como referencia el umbral de un cobertizo, para luego despedazarlo y reconstruirlo con una forma más o menos expresionista. Un plano en forma de cuña para un emplazamiento en forma de cuña. Una secuencia de arcos retorcidos, tanto en planta como en fachada, permite una nueva variación del zigzagueo de los

reinvent itself for the post-industrial age, and this reinvention was in full swing in the late 1980s and early 1990s. Manchester became a centre of what are now called 'creative industries', from independent record labels and nightclubs to graphic and fashion designers and television production. The commercial centre of the city, much of which had fallen empty and derelict, began to find new uses. A virtually forgotten historic district, Castlefields, began to be revived, and revealed as a palimpsest of activities from Roman times to the fevered manufacturing and transportation activities of the late 19th century. It was around here, in the spaces between railway viaducts and canal basins, that an enclave of new young architectural practices began to develop.

Hodder Associates began conventionally and modestly enough as one of these. A fit-out for a small high fashion shop, L'Homme, in collaboration with Andrée Putman and Écart International of Paris, can be seen as formative for the fledgling practice because it was here that Hodder's approach to extending and transforming the traditions of modernism, and the detail underpinning it, began to evolve. Seen from today's perspective the job is straightforward enough, but that is just the point. With its plain wooden floors, glass shelves, semi-industrial handrail and lighting integrated into the shopfitting system, it espoused an understated aesthetic at a time when more overwrought design was much in vogue. It is what the shop did not do, as much as what it did, which counts.

However, the practice first came to national attention in the United Kingdom with a competition win for a swimming pool complex in Colne, Lancashire - an industrial town with a remarkable scenography of housing terraces climbing the slopes in sawtooth fashion. This urban context was to prove a powerful generator for the new building's form. The project is a low-budget, publicly-funded building that extends an existing sports hall of a standardised type, sited well down the hill towards the edge of town. The practice's response was to take the idea of the standard portal frame shed, break it, and reassemble it in a new, somewhat expressionistic, form. A wedge-shaped plan exploits the wedge-shaped site. A sequence of arches, cranked in both plan and elevation, allows a new variation of the local zigzag roof - a device that permits daylight through clerestory glazing to the centre of the plan. Similarly, the masonry walls are staggered to introduce slots of light, not unlike Sir Basil Spence's Coventry Cathedral of 1951-1962. Thus expressed as a series of overlapping sections, the building possesses a vitality and rhythm uncommon

tejados vernaculares, un mecanismo que permite la entrada de la luz diurna a través de un triforio, reflejándose así en el centro de la planta. Del mismo modo, los muros de mampostería están escalonados para introducir ranuras de luz, similares a los de la catedral de Coventry de Sir Basil Spence (1951-1962). De esta forma, la obra muestra una serie de secciones superpuestas que poseen una vitalidad y un ritmo inusual en pequeñas construcciones municipales de este tipo. El interior también destaca por la elección selectiva de colores intensos que definen determinadas zonas. La obra es cautivadora a pesar de ser un tanto brusca en algunos detalles. Nada de *high-tech*, ni de minimalismos o posmodernismos, sino que se recrea en la expresividad de sus estructuras principales, irregulares y caprichosas, y en su peculiar respuesta al contexto. Asimismo, proporcionó un punto de referencia a lo que era una franja urbana desigual y produjo un impacto positivo en la imagen de ciudad como rara vez hacen los edificios de este tipo.

He llegado a asociar este sentido de expectación y de incertidumbre con el trabajo de Stephen Hodder. No puedo adivinar —tal como sucede con algunos arquitectos— cuál será su respuesta a un determinado proyecto en un emplazamiento concreto. Esto puede llegar a ser desconcertante para aquellos que buscan reconocer en la obra de un arquitecto lo que Denys Lasdun describió como "sello personal". Se podría hablar de un sistema operativo, de un principio argumental o de un tic estilístico. Independientemente de cómo se describa, el sello personal es algo que define la obra de un determinado arquitecto, algo que puede ser revisado y redefinido en otros proyectos. Desde un punto de vista periodístico, el sello personal también ayuda a clasificar con facilidad a los arquitectos, a pesar de que éstos acaben siendo víctimas de su propia imagen pública. ¿Tiene Stephen Hodder un sello personal? ¿Crea desde cero cada nuevo proyecto?

Hodder construye y esto es lo relevante. Ante todo, su trabajo no se desarrolla desde una posición teórica. En las conferencias que imparte acostumbra a destacar las influencias y es generoso a la hora de elogiar los edificios de otros. No emite manifiestos, ni da rienda suelta a filosofías baratas. En su trabajo tampoco intenta reinventar construcciones partiendo de la nada. Con su participación en los concursos pretende llegar a construir sus proyectos y no solamente plantear una aproximación teórica.

Mientras algunos arquitectos firman cada nuevo proyecto con un despliegue de publicidad, seguidos por un largo período

in small municipal buildings of this type. The interior is notable also for its selective use of intense colours to define specific areas. Although relatively unrefined in some of its detail, the building was intriguing. Neither 'high-tech', nor minimalist or postmodern, it rejoiced in the expression of its slightly wayward structural principle and the manner of its contextual response. It provided a visual fix for what had become a ragged urban fringe, and it served to improve the town's civic image in a way that such buildings seldom do.

I have come to associate this sense of expectation and uncertainty with Stephen Hodder's practice. I cannot guess —as one can with some architects— what the response to a given brief and site is going to be. This can be baffling for those who like an architect to have what Sir Denys Lasdun described as a "personal myth." An operating system if you like, or a guiding principle, or a stylistic tic. However you describe it, the personal myth is something that works for that particular architect, and can be returned to and refined through successive projects. It also helps to categorise architects from a journalistic point of view, though architects who are too easily categorised in this way can readily fall victim to their own public image. Does Stephen Hodder have a personal myth? Does he invent every project afresh?

Hodder builds. That is important. His work does not develop from a primarily theoretical position. In his lectures he likes to point to influences, is generous in his praise of the buildings of others. He does not issue manifesto statements or indulge in homespun philosophy. Nor, in his work, does he attempt to re-invent built forms from scratch. His research is conducted through competitions for real buildings, and he wins more than his share of them. Whereas some architects signal each new project with a fanfare of publicity, followed by long periods of silence, Hodder's buildings seem to work the other way round. They have a way of sneaking up on you. You think you know what he is doing and suddenly he reveals a completed building, which you had only the vaguest notion existed, even on the drawing board. They can be quite small —a doctor's surgery, an architectural gallery, a pedestrian bridge across a street— or as large as a currently ongoing swimming pool project, the Clissold Sports Centre in north London. He is fortunate in being able to build, rather than have to exist on the thin gruel of paper architecture. The buildings must work, they must meet budgets and deadlines. There is almost, you might imagine, no time to think, but this is not so: the thinking is fast-tracked with the building, and stimulated by

de silencio, los edificios de Hodder parecen funcionar de manera contraria; surgen sigilosamente. Parece como si supiéramos lo que va a hacer y, de repente, cuando nos encontramos ante el edificio completamente acabado, nos damos cuenta de que sólo teníamos una vaga idea de su realidad, incluso sobre el papel. Los proyectos pueden ser de poca envergadura —un consultorio médico, una galería de arquitectura, un puente peatonal sobre una calle— o tan importantes como el proyecto de una piscina en el centro deportivo Clissold al norte de Londres. Hodder tiene suerte de poder construir, en lugar de tener que vivir de una arquitectura sólo sobre el papel. Los edificios que se construyen deben funcionar, deben ajustarse a unos presupuestos y deben cumplir el plazo de entrega. Con tal cantidad de trabajo, podemos imaginar que casi no hay tiempo para pensar, pero no es así: se piensa al mismo tiempo que se construye el edificio, por lo tanto éste incita a pensar. Uno de los últimos proyectos de Hodder, el Edificio del Centenario de la Universidad de Salford —varias veces premiado— fue proyectado y construido con una rapidez extrema, de acuerdo con la costumbre británica. Este trabajo significó un paso muy importante para el grupo y concedió a Hodder mayor libertad, tanto por la rapidez de elaboración como por la clara necesidad de crear un nuevo símbolo urbano que expresara la confianza en una nueva universidad. Paradójicamente, esto se logró a pesar de que en el último momento se planteó un cambio en el uso del edificio, lo que introdujo nuevas necesidades académicas que fueron rápidamente incluidas en el proyecto.

Su sello personal es todavía incipiente, pero se pueden percibir ciertos elementos que se repiten a lo largo de los proyectos. Hodder suele reunir espacios alrededor de una calle interior, deslizando volúmenes hasta colocarlos juntos. Hay una continua fascinación por disponer los edificios vertical y horizontalmente, rasgo que está muy unido con la tendencia también frecuente de romper la caja ortogonal. Pongamos, como ejemplo, la manera como la piel de acero inoxidable del Edificio del Centenario sobresale y fractura la fachada principal para, así, definir aquellos espacios de mayor dimensión destinados a la enseñanza, recordando ligeramente a algunos de los trabajos de Jourdan & Perraudin (véase ilustración 1). Pero este diseño asimétrico, que revela resquicios de sensibilidad gótica, está compensado por otras soluciones donde prevalece un estilo mucho más clásico. Algunos edificios, como la clínica City Road en Manchester o el centro deportivo

it. One of the most successful Hodder projects of recent times, the multiple award-winning Centenary Building at the University of Salford, was designed and built with extreme rapidity by British standards. But it marked the most significant step forward yet for the practice, since the speed of its creation —combined with the clear need to create a new urban landmark to express the confidence of a new University— allowed Hodder a new freedom. Paradoxically, this happened despite a late change in the proposed use of the building, which introduced a new set of academic needs. They were absorbed rapidly into the process.

The personal myth may still be elusive, but one notices certain mannerisms recurring. He has a way of gathering spaces around an internal street, sliding the volumes together. There is a continuing fascination with layering buildings vertically and horizontally, something that is linked with an equally apparent tendency to break out of the orthogonal box. Note, for instance, the way the stainless steel skin of the Centenary Building bulges and fractures on the entrance elevation, expressing the larger-scale teaching spaces contained at this point in a manner slightly reminiscent of some of the work of the French practice Jourda & Perraudin (figure 1). But such asymmetrical designs, revealing flashes of a Gothic sensibility, are counterbalanced by other schemes where a more classical order prevails. Some buildings, such as the City Road Surgery in Manchester or the Clissold Sports Centre, are fundamentally symmetrical, temple-like buildings, ordered by their big roofs and circulation patterns. In the case of the surgery, the aim is clearly to give a small building an authoritative civic presence. At the much larger Clissold Sports Centre, the roof with its structural shells certainly acts as an urban marker, but more pragmatically also serves as a free-sailing umbrella for the varied functions and volumes beneath.

The Careers Services Unit at Manchester University, in contrast, is about a different kind of orthogonality. Here Hodder is making a corner where none previously existed. The attempt is to colonise and civilise an urbanistically incomplete existing university campus. The rectilinear forms overlap and slide through each other. The outside corner of the L-shaped block, which conventionally might be expressed as a hinge, an architectural device to turn the corner, is here expressed in a tectonic interlocking of forms: clearly this focus of forces is the entrance lobby. It is a legible building. You can see what each part is doing, down to the exposed, coffered, concrete construction. It is not merely functionalist, since the functionalist

de Clissold, son básicamente simétricos, similares a templos, ordenados por grandes cubiertas y por modelos establecidos de circulación. En el caso de la clínica, el objetivo es, sin duda alguna, proporcionar una auténtica presencia cívica a un edificio pequeño. En el centro deportivo, en mayor grado que en la clínica, la cubierta, con sus jácenas, actúa como una referencia urbana. Pero desde un punto de vista más pragmático también hace de sombrilla para las diferentes funciones y volúmenes que cobija.

El Centro de Orientación de la Universidad de Manchester posee, por el contrario, un diferente tipo de ortogonalidad. En este proyecto, Hodder crea una esquina en un lugar donde jamás ha existido. La intención es colonizar y civilizar un campus universitario ya existente pero urbanísticamente inacabado. Las formas rectilíneas se deslizan y se sobreponen las unas con las otras. La esquina exterior del bloque en forma de **L** que, de un modo convencional, se expresa como un eje, es un mecanismo arquitectónico para girarla, expresándose como un entrelazado tectónico. Es obvio que existe un foco de fuerzas en la entrada. Es un edificio claro. Se puede ver la función de cada parte, incluso hasta las huellas del encofrado en la estructura del hormigón visto. No es simplemente funcional, puesto que este tipo de respuesta no hubiese conducido a una firme concentración en las implicaciones y posibilidades de la esquina. Este es el tipo de trabajo al que Alvaro Siza daría su aprobación (véase ilustración 2).

Esta constante respuesta gótica —diseñar el edificio de tal manera que sus partes respondan a las condiciones cercanas, tanto pragmática como contextualmente— acredita que las cuatro fachadas del Edificio del Centenario de Salford sean completamente diferentes, puesto que cada cara está en concordancia con las diferentes condiciones urbanas. De hecho, se podría imaginar que el Edificio del Centenario genera cuatro edificios independientes. Asimismo, las fachadas frontal y trasera de la residencia de St. Catherine's College de Oxford, el proyecto anterior al Edificio del Centenario, también son diferentes. A un lado un riachuelo y al otro un aparcamiento, y para cada uno de ellos se ha encontrado una respuesta acertada. El trabajo del St. Catherine's College, de geometría compleja, merece mayor atención, pues Hodder se enfrenta a un contexto especial por dos razones: en primer lugar, por lo que implica Oxford y, en segundo lugar, por el legado de Arne Jacobsen. En la época en que Hodder empezó a trabajar, el colegio original, de 1964, estaba calificado como

2

response would not have led to that single-minded concentration on the implications and possibilities of the corner. This is work that, you feel, Alvaro Siza would approve of (figure 2).

This recurring Gothic response —to design the building such that its parts respond to the immediate condition, both programmatically and contextually— means that the Centenary Building in Salford is an entirely different building on each of its four elevations because each side engages with a different urban condition. Indeed, one could imagine four separate freestanding buildings being generated from it. Similarly, front and rear elevations differ fundamentally in Hodder's student residences at St. Catherine's College, Oxford – the project just prior to the Centenary Building. A stream on one side, a car park on the other, and to each an appropriate response. The St. Catherine's College work, with its deceptively complex geometry, deserves wider attention because of what it attempts in a doubly sacred context: first Oxford, then the legacy of Arne Jacobsen's original college of 1964, which, by the time Hodder began work, had become a statutorily protected 'historic' building complex. This too was a competition win, and it represented a breakthrough for the practice because, on the perceptual (rather than geographical) map of the United Kingdom, Oxford counts as 'south'. Traditionally, a northern architect would not be allowed a look-in. Hodder Associates beat an impressive selection of London architects to win the project, but perhaps more impressive

edificio histórico. Hodder Associates obtuvo el proyecto mediante concurso, un logro no sólo para el grupo sino también para el mapa conceptual (más que geográfico) del Reino Unido, puesto que Oxford se considera como una ciudad del sur. Según la costumbre, un arquitecto del norte no hubiera tenido derecho a participar. Hodder Associates ganó frente a una excelente selección de arquitectos londinenses, pero, quizá, lo que más impresionó fue la poca influencia que el contexto y la proximidad del intocable Jacobsen parecen haber ejercido sobre el proyecto.

Se debe experimentar la nueva residencia para apreciar qué es lo que se ha realizado, puesto que es un proyecto resuelto con la típica modestia inglesa. Su lenguaje visual es muy diferente a la más deliberada afirmación del Edificio del Centenario en Salford, con su cívica misión de situarse con orgullo dentro de un decadente y severo desarrollo urbano. La residencia de Oxford se expresa como una serie de núcleos de escaleras enlazados mediante un volumen elevado. Hodder no ha imitado al edificio de Jacobsen, sino que más bien ha utilizado sus características y su preciso ladrillo amarillo localizado a la derecha de la reconstruida entrada a la universidad. La residencia es más compleja sobre la planta que cuando aparece a primera vista. Este período del trabajo de Hodder se caracteriza por el plano ocupado por dos mallas superpuestas: la del colegio de Jacobsen y la del riachuelo de enfrente, que se alinea con el cobertizo para barcas también de Jacobsen. Una geometría se adelanta sobre la otra. No cabe duda alguna de que la obsesión arquitectónica de las mallas sesgadas o desplazadas estaba de moda en aquella época, sobre todo entre los arquitectos jóvenes. Pero mientras que en otras construcciones el uso de las mallas sesgadas se hacía sin un motivo determinado, en St. Catherine's College es una simple respuesta a las condiciones del emplazamiento. La residencia de Hodder —situada entre dos edificios de Jacobsen— absorbe y expresa el impacto. Además, de manera convincente, transporta la idea a los muros y setos en el exterior, parte muy relevante de la composición original de Jacobsen (véase ilustración 3). La fascinación que provoca el juego de la interpretación de las formas, desarrollado aquí sobre la horizontal, se repite en la esquina articulada del edificio del Centro de Orientación de la Universidad de Manchester pero en este caso sobre la vertical. Finalmente, la naturaleza *pura* del colegio original parece haberse mantenido aunque no haya ocurrido así. Con el paso del tiempo, otros arquitectos han realizado cambios, y

than that was the way the practice remained unintimidated either by the Oxford context or by the proximity of 'untouchable' Jacobsen.

One has to experience the new residences to appreciate what has been done, for they are an exercise in a very English kind of understatement. The visual language they speak is very different from the more deliberately assertive Centenary Building at Salford, with its civic mission to stand proud in an environment of severe urban decay. The Oxford residences are expressed as a series of linked staircase blocks, using an elevational module derived from, but not aping Jacobsen's, using his characteristic and precise yellow brickwork, and placed right by the re-made entrance to the College. They are more complex on plan than they appear at first sight. Typically of this period of Hodder's work, the plan is busy, working to express two overlapping grids: that of Jacobsen's College, and that of the stream it fronts, aligning with Jacobsen's boathouse. One geometry shoots under the other. It is undoubtedly true that the architectural obsession with grids is largely lost on the public. It is equally true that the notion of the skewed or displaced grid was becoming something of a fashion about this time, especially among younger architects. But whereas elsewhere the skewing seemed to be done often for its own sake, at St. Catherine's College it is a simple response to the site conditions. Sited between two differently aligned Jacobsen buildings, Hodder's residences absorb and express the impact. Moreover they carry the idea through convincingly into an extension of the walls and hedges that are such an important part of Jacobsen's original composition (figure 3). The fascination with the interpenetration of forms, here a game played on the horizontal, recurs later on the vertical in that highly articulated corner of Manchester University's Careers Services Unit. Finally the 'inviolate' nature of the original main college appears to be maintained. Actually, it isn't. There have been changes over the years by other hands, and Hodder later contributed his own signature to the interior of part of the main college.

A line of development, then, a private language, can be discerned running through the university projects. The University of Nottingham competition entry of this period shows what Hodder would do on a larger scale, for although there are built forms of individual buildings suggested that are clearly in the St. Catherine's mould, there is also, in the proposed masterplan, a variant of the site-defining 'teaching wall'. This device was deployed very successfully in the two

3

entre ellos Hodder, que incluyó su firma en el interior del edificio principal.

En los diferentes proyectos para universidades se puede distinguir una línea de desarrollo y, por lo tanto, un lenguaje propio. El concurso para la Universidad de Nottigham de esta misma época refleja las propuestas de Hodder a mayor escala, aunque hay formas construidas de edificios independientes que se encuentran claramente en la línea de St. Catherine's College. Además, en el plano general propuesto hay una variante del muro que define el emplazamiento. Este recurso también se utilizó con éxito en los dos edificios principales de Lasdun destinados a la educación: en Hallfield School de Padington, Londres, en el año 1951 y en la Universidad de East Anglia realizada entre 1962 y 1968. El sinuoso edificio, que incita a llevar a cabo distintas actividades, define diferentes recintos al mismo tiempo que se desliza por el emplazamiento: un útil precedente que no debe olvidarse. Es un mecanismo que tanto crea lugares como mejora centros urbanos deteriorados o incompletos. Tanto si la adopción del referente ha sido consciente como si no, Hodder, con estos mecanismos, se sitúa en la tradición de la arquitectura moderna que se remonta hasta la época en que Lasdun fue miembro del grupo Tecton, pasando incluso por el trabajo de Berthold Lubetkin, de la década de los años treinta y cuarenta. Mientras que muchos de los arquitectos británicos sólo han aportado palabrería a la estética de la "modernidad inglesa", en el caso de Hodder no es una simple cuestión estilística, ya que sus edificios no tienen nada de *pastiche* moderno, sino que son de una gran actualidad. El rigor de la arquitectura de Hodder —la carencia de extravagancias y la claridad con la que trabaja el contexto— es lo que le imprime autenticidad.

Aquellos que en un primer momento situaron a Hodder en la categoría de *high-tech* se deben haber sorprendido por la alta calidad, tanto en planta como en volumen, de su trabajo: la modernidad conlleva muchas tradiciones y el movimiento Tectón-tectónico parece tener tantas posibilidades de sobrevivir como un convenio entre el acero y el vidrio. Tomemos como ejemplo el puente peatonal de Corporation Street en Manchester. Una membrana de vidrio se extiende a lo largo de la calle, adoptando la forma de un paraboloide hiperbólico de revolución. Este delicado objeto es una respuesta meditada al atentado terrorista del 15 de junio de 1996 que tuvo lugar en el centro de Manchester, provocando daños de importancia en toda la ciudad. La forma paraboloidal permite que la

principal educational buildings of Lasdun: his Hallfield School of 1951 in Paddington, London, and his University of East Anglia (1962-1968). The sinuous spine building, from which various activities can sprout, defining distinct precincts as it snakes its way through the site - this is a useful and highly rewarding precedent to revisit. It is a device that both creates places and mends existing damaged or incomplete urban forms. Whether his adoption of the form was a conscious reference or not, by doing so Hodder places himself in a tradition of modern architecture that goes back directly through Lasdun's membership of the Tecton practice to the work of Berthold Lubetkin in the 1930s and 1940s. While a number of British architects of his generation have paid lip-service to the aesthetic of the 'English modernists', it is in Hodder's case by no means a merely stylistic matter, since his buildings are anything but modernist pastiche: they are clearly of today. The rigour of Hodder's architecture —its lack of whimsy and the clarity with which it addresses its context— is what makes it authentic.

Those who at first placed Hodder in the 'high-tech' category may have been puzzled by the increasingly planar and solid quality of his work: but modernism carries many traditions within itself and the Tecton/tectonic strand is as likely to surface in his work as the glass-and-steel convention. Consider, for instance, the Corporation Street footbridge in Manchester. A lightweight glazed membrane is stretched across the street, taking the form of a hyperbolic paraboloid. This delicate object is a well-judged response to the calamity that brought it about: a huge terrorist bomb that exploded in the city centre on 15 June, 1996, causing colossal, city-wide damage. Typically of Hodder's responses, however, the form is practical as much as symbolic. The paraboloid form allows the timber bridge deck inside to adjust to the different level on each side of the street, while the structure can be made relatively simply of 18 straight steel cables.

The practice did not win the Nottingham project with its spine wall concept, but the thinking present in that masterplan recurs most unexpectedly in a later competition win: the National Wildflower Centre at Court Hey Park, Knowsley. The competition was for a visitor centre —a very characteristic late 20th-century building type. Usually such buildings are extremely conservative, or at any rate kept quite apart from the attractions they service. Here, the response is to make a structure that is an absolute part of the garden— a spine of a building that projects right into the heart of the space, a habitable wall

plataforma del puente de madera se adapte a los diferentes niveles de cada lado de la calle, mientras que la estructura con 18 cables de acero es relativamente simple.

El grupo no ganó el concurso de Nottigham con el concepto de muro espina, pero la idea presente en el plan general se repite de manera inesperada en otro concurso que ganaron: el Centro Nacional de Botánica de Court Hey Park en Knowsley. El concurso era para un centro de información, un edificio muy característico de finales del siglo XX. Por lo general, este tipo de edificio suele ser muy conservador y suele estar muy alejado de las atracciones que facilita. La respuesta a esta obra es una estructura que forma parte integrada del jardín —la espina de un edificio que se proyecta directamente al centro del espacio, un muro habitable de hormigón y roble—. Además, sirve para definir la zonas externas y para crear una ambigüedad entre el exterior y el interior. Se pretende que el espacio lo invadan las plantas. Es un paseo entablado, una plataforma de observación y un espacio de exhibición. Pero sobre todo es una progresión arquitectónica a lo largo de un emplazamiento natural, una traza realizada por el hombre enfrentada a la naturaleza pero que, a pesar de todo, respira como un organismo con vida. Es aquí donde surge la tradición tectónica con más fuerza que nunca. En el proyecto del grupo para ampliar el Heaton Hall de James Wyatt, de estilo paladiano y situado en unos jardines a las afueras de Manchester, lo más importante son las paredes delimitadoras. Pero mientras que en Heaton Hall la pared es un mecanismo de unión, en el Centro Nacional de Botánica la pared lo es todo. Este rasgo no es completamente europeo porque, al observarlo, vienen a la memoria algunos de los trabajos realizados por arquitectos americanos como Luis Barragán, Ricardo Legorreta y Antoine Predock.

La arquitectura para el ocio —y en especial la de los complejos deportivos— continua provocando el ejercicio de la ingenuidad del grupo Hodder. El edificio destinado a la práctica del deporte es un lugar difícil para innovar, puesto que parte del espacio interior viene ya delimitado. Si se trabaja de manera competente, puede llegar a ser una buena arquitectura del recinto y del juego con la luz. Pero también hay que luchar por la calidad cívica de este tipo de edificio, muy relacionado con la magnitud de edificios como ayuntamientos y teatros. El deporte ha pasado a ser parte de las atracciones culturales de cualquier ciudad y genera unos beneficios económicos muy respetables. La cultura del deporte, junto con la exagerada retransmisión de eventos deportivos, ha elevado la

of concrete and oak. It serves to define external areas as well as setting up an ambiguity between inside and outside. It is intended to be colonised with plants. It is a boardwalk and an observation deck and an exhibition space. Especially it is an architectural progression through its natural setting, a man-made ruler placed against nature that nonetheless respires like a living organism. This is the tectonic tradition coming through stronger than ever. As in the practice's project to extend James Wyatt's Palladian Heaton Hall in parkland on the outskirts of Manchester, the defining wall is all-important. But whereas at Heaton Hall the wall is a linking device, at the National Wildflower Centre the wall is everything. This is by no means merely a European tradition: seeing it, one thinks of some of the work in the Americas by Luis Barragan, Ricardo Legorreta and Antoine Predock.

The architecture of leisure —and especially sports complexes— continues to exercise the ingenuity of the Hodder practice. A sports building is a difficult place to innovate; so much of the internal planning is a given. Competently handled, this is the architecture of enclosure and the play of light, but there is more to strive for, and that is a civic quality of the kind previously associated with 'grander' buildings such as town halls and theatres. Sport is now acknowledged to be as much of an attraction to a town as 'high' culture, with a similar economic spin-off. A culture of fitness, and saturation television coverage of sport, has raised the profile of such places and one sees the results in some spectacular sports stadia worldwide. Yet, outside of international events such as the Olympic Games, World Cups and the like, humbler sports halls are not usually given the budgets that traditionally important civic architecture enjoys. It is not surprising, perhaps, that Hodder Associates has attracted attention in this area, since it has consistently treated such places as important contributors to the civic realm. Colne in Lancashire and Clissold in London are important generators in the urban fabric, helping to foster a sense of community and respect. The latest in this sequence, the Grange-over-Sands sports centre overlooking Morecambe Bay in England's northwest, is in the tradition of the discrete pavilion in the park. A yin-yang rhythm is set up between the linked but separate volumes of the relatively prominent pool building, rising from the slope, and the more recessive sports hall, sunk into the slope. In this project one can read the two recurring strands of the practice's work: lightweight/transparent versus planar/solid. The virtues of each are compared and contrasted.

categoría de este tipo de construcciones, tal como puede constatarse en algunos de los espectaculares estadios del mundo. No obstante, dejando de lado los eventos internacionales, los juegos olímpicos y las copas mundiales, los centros deportivos más humildes no cuentan con los presupuestos con que, por lo general, cuenta la arquitectura civil. Quizá por eso no es sorprendente que Hodder Associates haya llamado la atención en este sector, ya que siempre ha tratado estos edificios como contribuciones importantes de carácter público. Colne en Lancashire y Clissold en Londres son destacados generadores de tejido urbano, ya que albergan un sentido de comunidad y respeto. Otra obra de esta serie es el centro deportivo de Grange over Sands, que domina sobre la Bahía de Morecambe en el noroeste de Inglaterra, y que se incluye en la tradición de los discretos pabellones dentro de un parque. Un ritmo equilibrado se sitúa en dos volúmenes separados pero unidos al destacado edificio de la piscina, elevándose sobre la pendiente, mientras que el edificio destinado a actividades deportivas, menos dominante, se hunde en la pendiente. En este proyecto pueden leerse dos ideas recurrentes del grupo: lo ligero y transparente contra lo plano y sólido; estas virtudes se comparan y contrastan entre ellas.

Antes se ha comentado que Hodder construye más que teoriza, un lujo envidiable. A veces los proyectos que no se llevan a cabo adoptan una vida de objetos personalizados, como la propuesta del grupo para el concurso de ampliación de Manchester City Art Gallery. La propuesta va más allá de la presentación de ideas para una galería de arte unida a un edificio histórico. La presentación es una entidad por sí misma, realizada como un tríptico de imágenes en paneles de madera, una mezcla de material bidimensional impreso directamente en la madera, con los planos elevados en tres dimensiones sobre la superficie. No forma ni una maqueta convencional ni un conjunto de paneles con planos, sino más bien un objeto considerado y trabajado manualmente, conjunto de características que llamó la atención y obtuvo varios premios cuando se expuso en la Royal Academy de Londres. El objeto era, por sí mismo, arquitectura, no sólo una representación arquitectónica: en un cierto sentido era un edificio acabado. Todavía tengo en mente la idea errónea de que *esto* es la City Manchester Art Gallery, cuando de hecho es una simple Manchester City Art Gallery con una existencia paralela. Poco después se realizó una galería real, CUBE (Centre for the Understanding of Built Environment [Centro de Comprensión del Espacio Construido]), un centro de arquitectura realizado

Earlier I said that Hodder builds rather than theorises. If this is a luxury, it is one to be envied. There are times when an unbuilt project has a satisfying object-life of its own, such as the practice's entry for the Manchester City Art Gallery extension competition. This goes beyond the presentation of ideas for a contemporary top-lit art gallery attached to an existing historic building. The presentation is enjoyed as an entity in itself, made as a triptych of images on wooden panels, a mélange of two-dimensional material printed directly onto wood, and plans raising themselves three-dimensionally from the surface. Neither a conventional model nor a conventional set of panel drawings, but a considered, crafted, object, this rightly attracted attention and prizes when it was exhibited at London's Royal Academy. The thing itself was architecture, rather than being a representation of architecture: it was in a sense a completed building. I still have in my head the erroneous notion that this is the Manchester City Art Gallery, when it is in fact merely a Manchester City Art Gallery, happily existing in parallel. A real gallery happened a little later in real life, close by. The Centre for the Understanding of the Built Environment (CUBE) is an architecture centre carved out of an existing building. A seemingly effortless exercise in interior planar architecture that surely harks back in spirit to that early men's fashion shop and the need to make emphatic spaces in deep-plan, narrow-frontage locations.

So Hodder builds: to others the task of interpretation. A personal myth is, I think, better evolved than invented, and in the extreme evolutionary conditions of the 1990s, what emerges in this way, fully formed from the stylistic soup, stands a very good chance of achieving both integrity and longevity. If Hodder has no manifesto other than what he and his colleagues create on the ground and in the air, then that is plainly an excellent and clearly workable manifesto. His is, however, not a wholly chameleon architecture. All the buildings, I believe, are genetically identifiable in much the same way as the very diverse output of Renzo Piano bears a certain stamp. This is possible despite the often variations in design rising from specific context and user needs. What this tells us is that Hodder's architecture is undogmatic, open, and fully aware of its own patrimony. It is one of many answers to those who think that modernism is inflexible, incapable of evolving to meet new expectations.

a partir de un edificio ya existente. Un ejercicio realizado sin un aparente esfuerzo con una arquitectura interior plana que probablemente recuerda al espíritu de la tienda de moda L'Homme y a la necesidad de crear espacios enfáticos en plantas profundas con fachadas estrechas.

Se puede afirmar, por lo tanto, que Hodder construye: que sean los demás los que se dediquen a teorizar. Creo que un sello personal se entiende mejor como una trayectoria que como un invento, y lo que ha surgido en las extremas condiciones de evolución propias de los años noventa, en un ambiente de mezcla estilística, tiene grandes posibilidades de conseguir tanto integridad como longevidad. Si Hodder no defiende ningún manifiesto salvo lo que él y sus compañeros crean sobre el terreno y en el espacio, entonces se puede afirmar que es un excelente manifiesto altamente realizable. No obstante, su arquitectura no es del todo camaleónica. Creo que todos los edificios son genéticamente identificables, del mismo modo que las diversas producciones de Renzo Piano llevan un cierto sello. Esto es posible a pesar de las continuas variaciones proyectuales que se desprenden de un contexto específico y de las necesidades de los usuarios. Se puede afirmar que la arquitectura de Hodder es poco dogmática, abierta y totalmente consciente de su patrimonio. Es una de las muchas respuestas a aquellos que piensan que la arquitectura moderna es poco flexible e incapaz de evolucionar para crear nuevas expectativas.

Hugh Pearman es crítico de arquitectura y de diseño para el Sunday Times, Londres. Su libro *Contemporary World Architecture* se publicó por Phaidon Press en agosto de 1998.

Hugh Pearman is the architecture and design critic of the Sunday Times, *London. His book* Contemporary World Architecture *was published by the Phaidon Press in August 1998.*

L'Homme, Manchester

Este proyecto de una tienda de ropa de alta costura para hombres, L'Homme, situada en el centro de Manchester, se realizó en colaboración con Andrée Putman y Écart International de París.

La planta principal del local comercial se caracteriza tanto por el predominio de la vertical como por su luminosidad, en contraste con el reducido y recogido sótano. Se aprovechó esta oportunidad para reforzar las diferentes cualidades de cada espacio. En la planta principal, por ejemplo, las aberturas son de elaboradas proporciones, para acentuar la verticalidad del espacio. Unos nuevos marcos o líneas de partición como soporte de los accesorios eléctricos que intervienen en cada espacio definen los cerramientos y son también parte integral de la estrategia de la iluminación artificial.

El interior se presenta simple y con un vocabulario de formas controladas. Materiales y colores resaltan las prendas de vestir.

L'Homme, Manchester

This project, for the design of an haute couture menswear shop in central Manchester, was executed in conjunction with Andrée Putman and Écart International of Paris.

The ground floor to the retail unit is characterised by its strong vertical proportion and lightness, in contrast to the intimate and confined basement area. The opportunity was taken to reinforce the differing quality of each space and, with particular regard to the ground floor, openings were given slender proportions to accentuate the vertical nature of the space. A new framework or lining of partitions intervenes, with each space defining enclosures for fittings, which are also an integral part of the artificial lighting strategy.

The interior is rendered with a simplicity of line, using a controlled vocabulary of forms, materials and colours which act as a foil to the clothes.

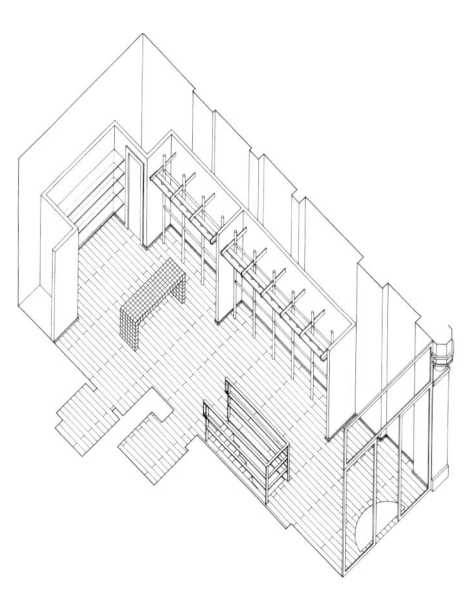

1991

Piscina en Colne

Este proyecto es para la ampliación de un centro deportivo municipal e incluye una piscina de 25 x 13 metros, otra más pequeña, un bar y una cafetería, una pequeña sala de cuidados corporales y otros servicios.

El edificio, situado en un importante núcleo urbano, pretende colaborar de una manera eficaz en el paisaje de la ciudad de Colne *suturando* el centro deportivo ya existente con el contexto más amplio, generando, de este modo, una idea de lugar.

El contexto de la construcción puede percibirse en dos niveles. Un basamento de piedra que ofrece un estrato de recuerdos —un material táctil y familiar como respuesta a lo genuino del lugar— aportando así la escala humana al conjunto. Encima, otra capa de aislamiento tecnológico y, sobrevolando a ambas, una cubierta entrecortada que permite la entrada de la luz difusa del norte, impregnando la sala de la piscina grande. Este recurso evoca la imagen de los tejados en forma de cascada de los pueblos del norte de Lancashire. La cubierta se extiende más allá de la envolvente como una marquesina que refuerza la transparencia del espacio público encarado hacia el este, mediando entre el edificio y la calle.

Swimming pool, Colne

The design comprises a main 25 x 13 m pool and a smaller teaching pool, a bar and cafeteria, a small health suite and associated facilities. It forms an extension to an English Sports Council Standardised Sports Hall.

Situated on a significant urban site, the building seeks to make an effective contribution to the townscape of Colne by 'stitching' the existing sports hall with the wider context, and to generate a sense of place.

Its contextualism may be perceived at two levels. A plinth of stone offers a layer of memory - a familiar, tactile material in response to the local vernacular and which brings a human scale to the whole. Above this is a highly insulated technological layer. Oversailing these horizontal layers is a cranked 'north-light' roof which not only allows diffuse natural light to permeate the main pool hall but also evokes the imagery of the cascading roofscape of northern Lancashire hill towns. The roof extends beyond the envelope as a canopy, reinforcing the transparency of the east-facing public space which mediates between the building and the street.

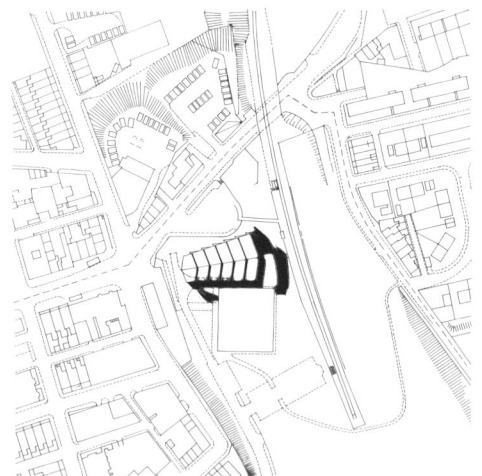

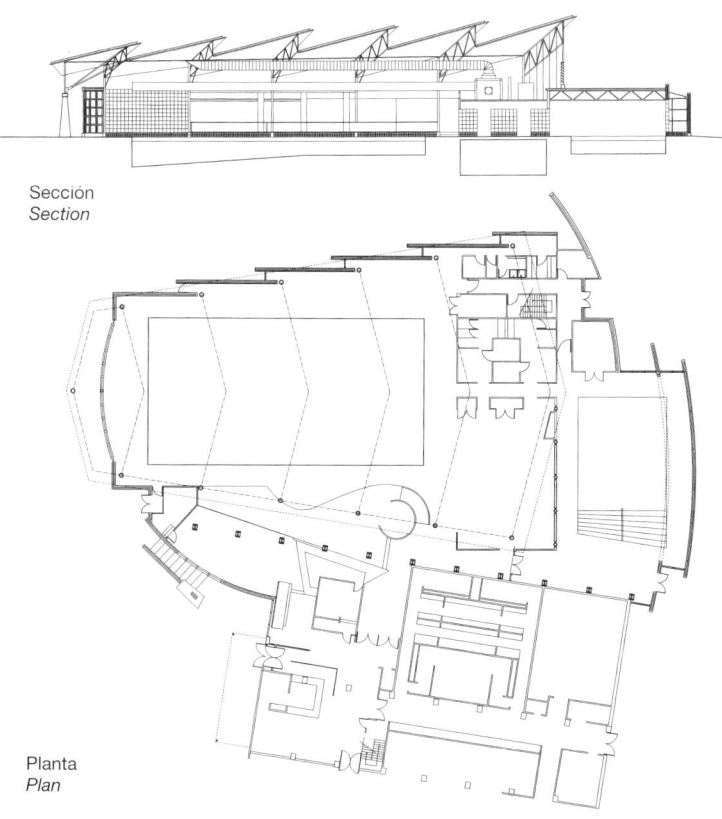

Sección
Section

Planta
Plan

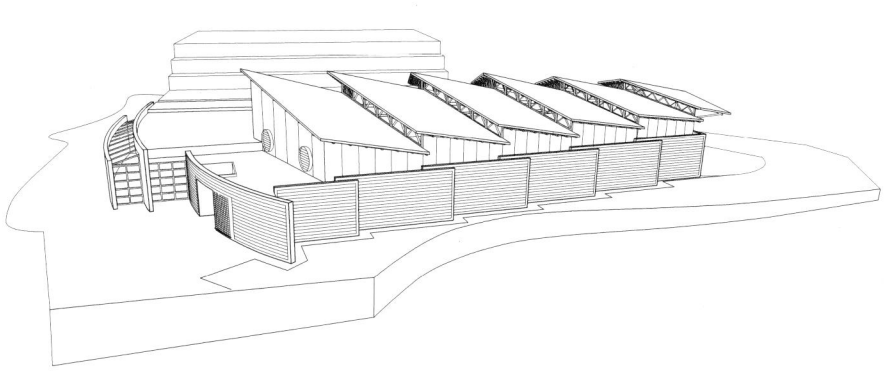

Consultorio médico Oswald, Manchester

Oswald Medical Practice, Manchester

Desde una perspectiva conceptual, los elementos de la piel victoriana de este consultorio se han conservado siempre que se ha podido. No ha habido intención de arreglar añadidos posteriores poco coherentes. La nueva ampliación es una intervención contemporánea, que busca realzar la tensión entre lo nuevo y lo viejo. Este rasgo se transmite, hasta cierto punto, en la estructura. Las zonas públicas empiezan con la gran sala de espera, un espacio tranquilo y relajante, dentro de la vieja estructura del edificio. La secuencia de espacios públicos continúa alrededor de la recepción, en forma de tambor, y a través de una segunda sala de espera que lleva a varios despachos de consulta, mucho más íntimos y privados, en la ampliación del jardín posterior. La luz, los materiales y la textura acentúan esta progresión.

La fachada del edificio es de pavés grabado y su composición simétrica genera un diálogo tanto con la situación de la entrada posterior como con el paisaje. El resto, paramentos guarnecidos, ventanas metálicas nuevas y puertas, contrasta con los elementos ya existentes. Una marquesina que sobresale anuncia la entrada lateral, mientras que la composición plana de la entrada a la calle señaliza tanto el nuevo uso del edificio como un nuevo acceso, mucho más apropiado para un edificio público.

Conceptually, wherever it was possible, elements of the Victorian shell to this doctor's surgery have been conserved. There has been no attempt to restore insensitive later additions, and the new extension and interventions are contemporary, heightening the tension between new and old. To some degree this informs the planning structure. Public areas begin with the lofty, calm and reassuring waiting room within the old framework of the building. The sequence continues around the drum of the reception, through a secondary waiting area to the more intimate and private consulting rooms in the near rear garden extension. Light, material and texture reinforce this progression.

The elevation of the extension is entirely glazed with etched glass blocks and is symmetrically composed to create a dialogue with the arrangement of the rear access and landscape. Elsewhere, rendered external walls, new metal windows and doors contrast with those retained. A projecting canopy announces the side entrance, whereas the planar composition of the street entrance offers a signal as to the building's new use and a more appropriate threshold to an essentially public building.

Fachada posterior
Rear elevation

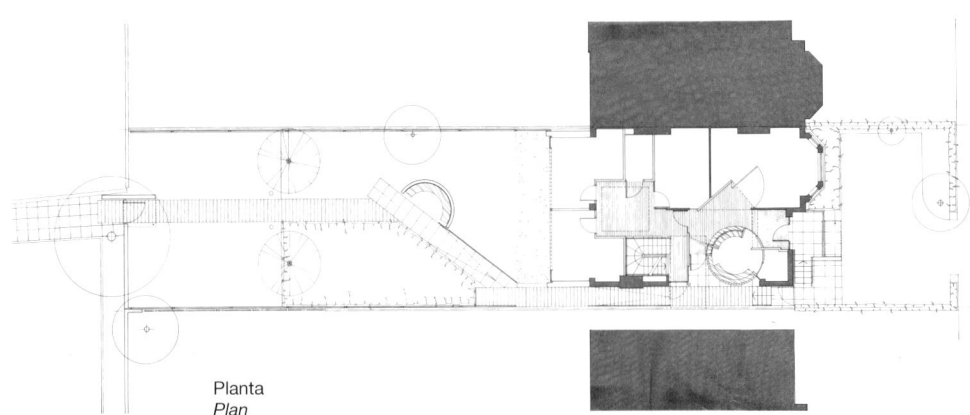

Planta
Plan

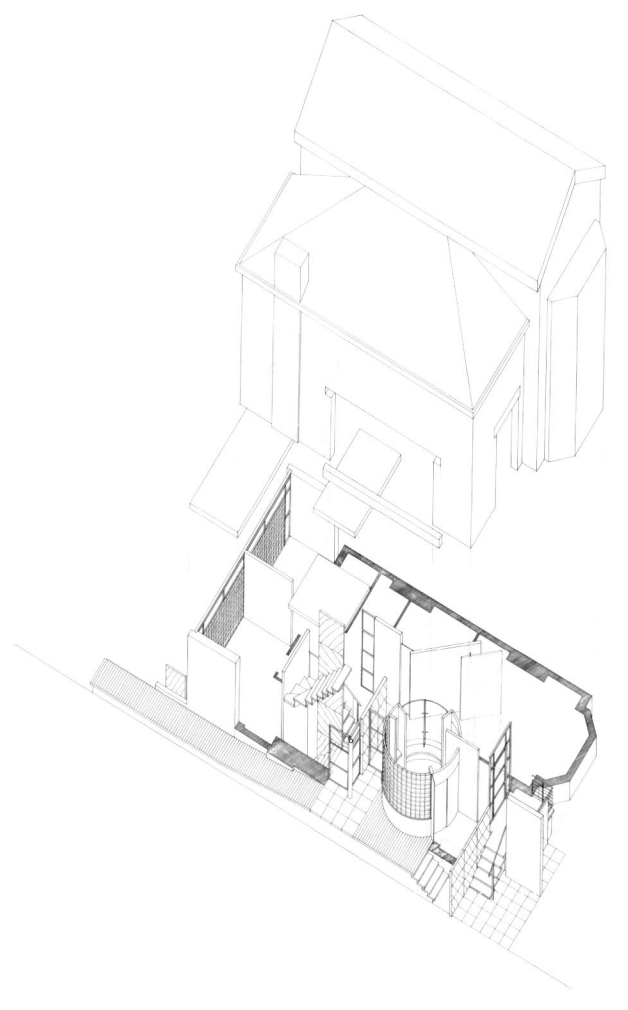

Nueva residencia de St. Catherine's College, Oxford

New residential accommodation St. Catherine's College, Oxford

La primera fase del proyecto para St. Catherine's College incluye 54 dormitorios, habilitados como estudios y con aseos incorporados en cada uno de ellos; salas secundarias destinadas a ensayos musicales o bien a albergar aulas de informática, y dos habitaciones para invitados. Todo esto se encuentra alrededor de tres núcleos de escalera. La residencia está situada al norte del *college* principal (categoría I), diseñado por el distinguido arquitecto danés, Arne Jacobsen.

La homogeneidad del edificio se prolonga gracias al basamento de ladrillo que encierra un rectángulo cuya función es de entrada, para alinearse con el río formando un eje con la residencia y abarcando el aparcamiento ya existente. Los tres pabellones envuelven la pared con una disposición ortogonal. De este modo, se genera una tensión dinámica entre las texturas del río y las de la residencia. Los dormitorios que se orientan hacia el oeste están en contacto íntimo con el agua y los del este flotan sobre el muro formando un pasillo cubierto que conecta cada escalera. Esta tensión se extiende entre las escaleras semipúblicas, transparentes y expresivas, y las zonas comunes y de dormitorios, más sólidas y estáticas. Del mismo modo, la gruesa estructura de hormigón que define cada celda contrasta con la precisa calidad táctil del muro cortina de acero inoxidable.

La restauración de los interiores de la sala de estar realizados por Jacobsen afecta a la cubierta de un antiguo patio, modificada con una nueva cubierta circular monocasco diseñada para imponer cargas mínimas en la estructura ya existente y para cubrir un nuevo auditorio.

Phase One of a development plan for St. Catherine's College comprises 54 study bedrooms, each with en-suite shower rooms and ancillary accommodation by way of music rehearsal and computer rooms, arranged around three staircases in pavilion form, together with two guest suites. The site is to the north of the Grade I Listed main College designed by the distinguished Danish architect, Arne Jacobsen.

The integrity of the College is extended by a brick plinth wall which encloses an entrance quadrangle and aligns with the river forming an edge to the College and enclosing the existing car park. The three pavilions envelop the wall in an orthogonal arrangement. Thus, a dynamic tension between the grain of the river and that of the College is acknowledged with the west-facing study bedrooms having an intimacy with the water, and the east-facing bedrooms floating over the wall and forming a covered walkway connecting each staircase. This tension is extended between the transparent, expressive semi-public staircases and the solid, static private common areas/study bedrooms. Similarly, the coarse enclosing concrete structure defining each cell contrasts with the precise tactile quality of the stainless steel/curtain walling infill.

The restoration of the Jacobsen interiors of the Junior Common Room embraced the covering of a former converted courtyard with a new circular monocoque roof designed to impose minimum loads on the existing structure and enclosing a new lecture theatre.

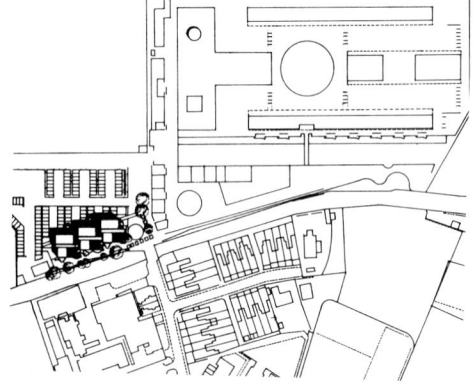

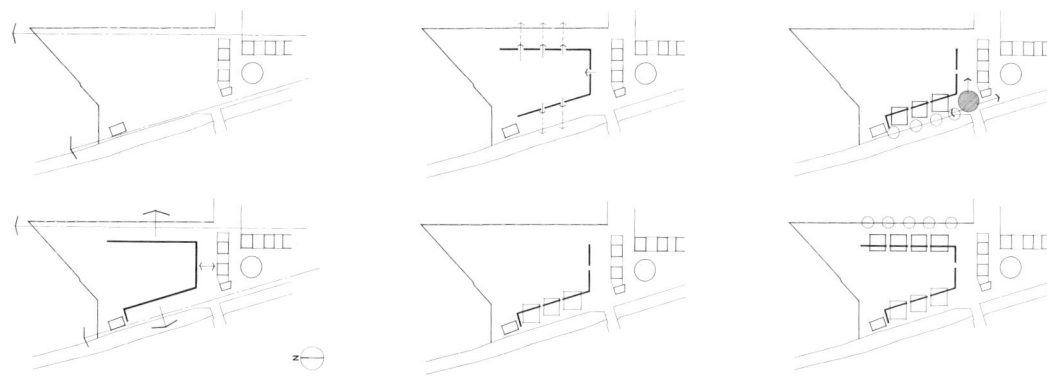

DEVELOPMENT STRATEGY

THE ALAN BULLOCK BUILDING

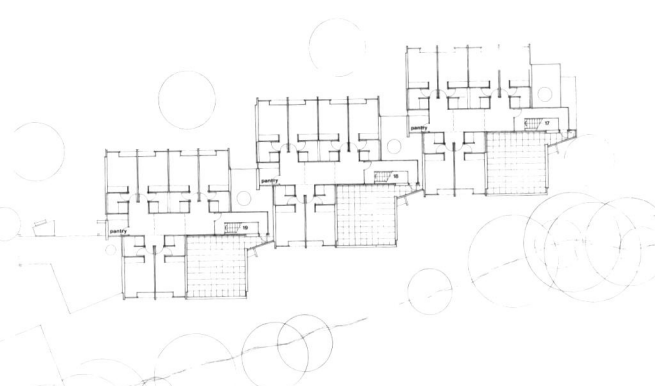

Planta segunda
Second floor

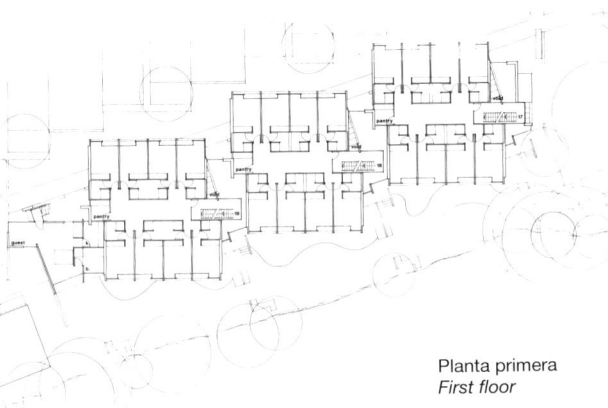

Planta primera
First floor

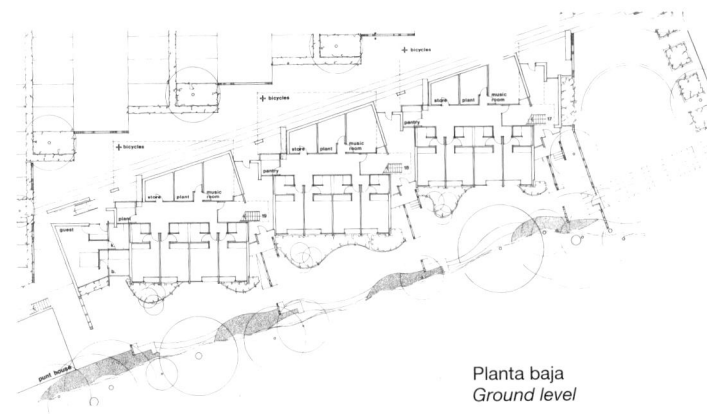

Planta baja
Ground level

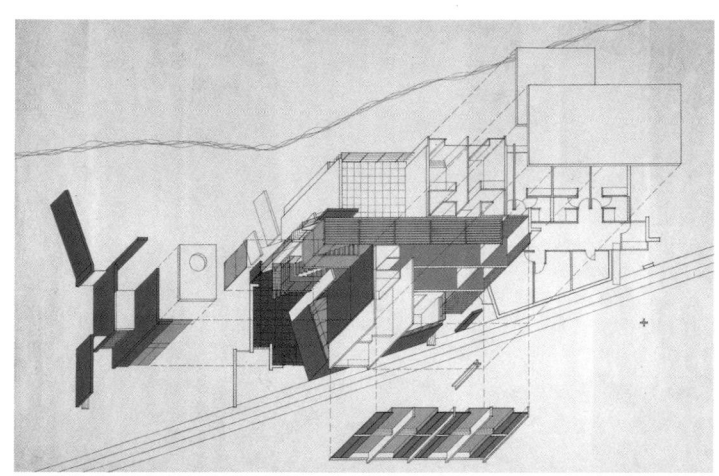

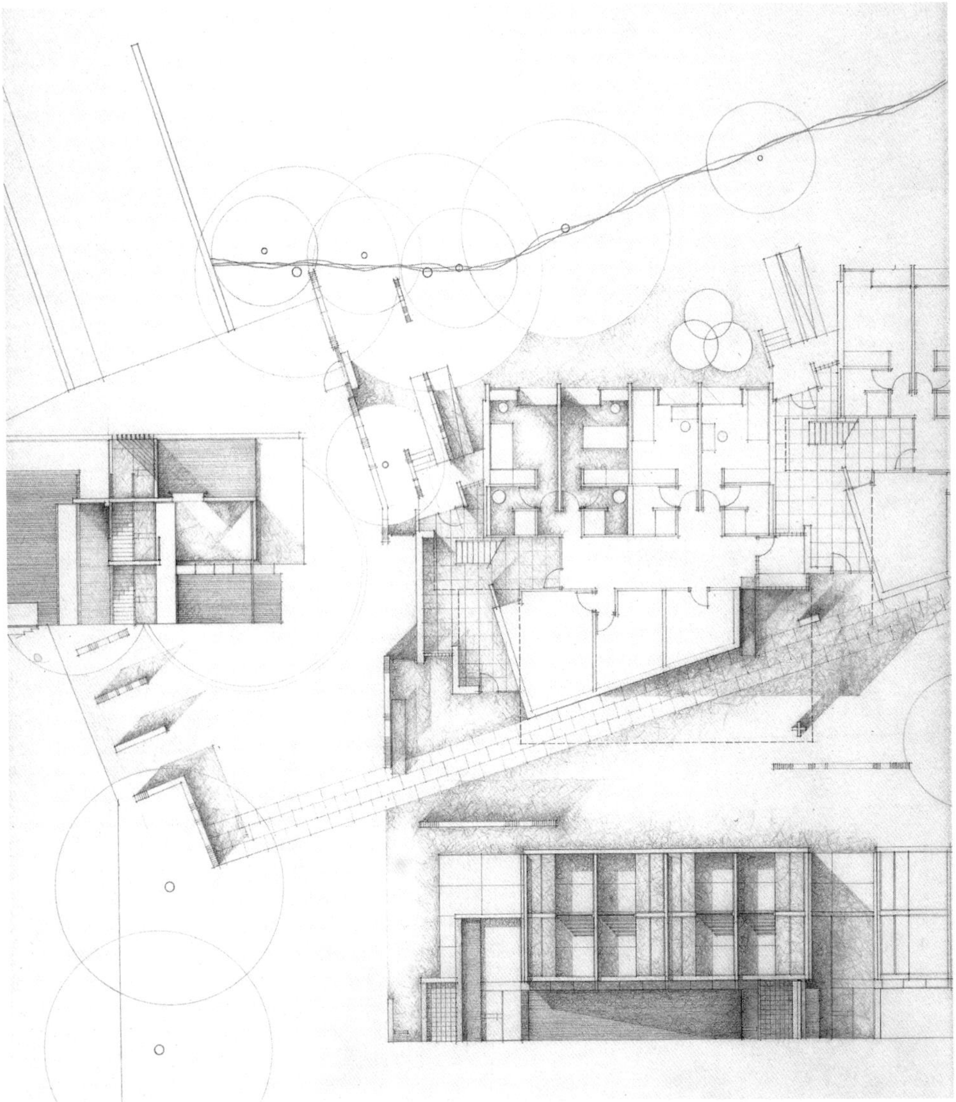

Intervención en el *Junior Common Room*
del edificio de Jacobsen
*Restoration of the Junior Common Room
in the Jacobsen Building*

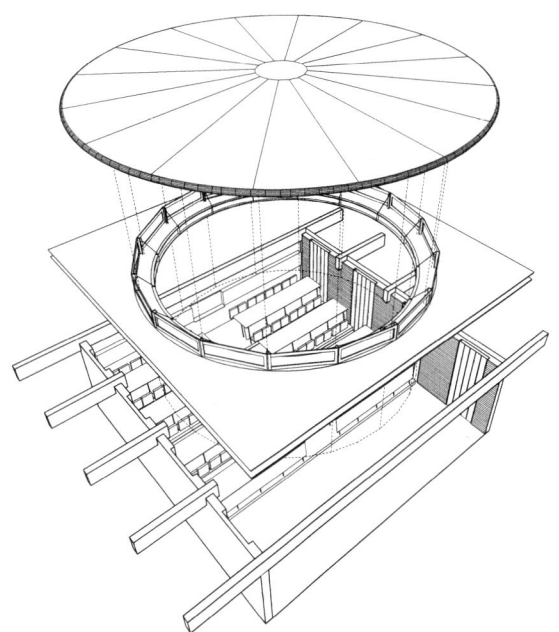

City Art Gallery, Manchester

(en asociación con Barton Myers
Associates, Los Ángeles)

Concurso restringido para la rehabilitación y ampliación del edificio de la galería City Art Gallery, obra de Sir Charles Barry (categoría I), y el Ateneo colindante (categoría II) para nuevas galerías y oficinas. Desde un punto de vista urbanístico, el proyecto intenta funcionar como un vínculo entre Chinatown y el parque Peace Gardens muy cercano al ayuntamiento. Desde el punto de vista del edificio, el esquema es el mismo pero prolongando la simetría y la claridad de la construcción de Sir Charles Barry en la galería City Art Gallery.

La entrada a la City Art Gallery pasa a ser el principal espacio distribuidor desde el cual se establece un contacto visual directo con todos los equipamientos públicos y con el espacio central, así como con las vistas hacia un patio de esculturas en el segundo piso. Este espacio central cumple la misión de articulación entre los diferentes espacios y, a su vez, une el edificio nuevo con el antiguo. Facilita un paso público a través de la galería del nivel principal y también un acceso a las oficinas, a la cafetería y a otros servicios educativos situados en los niveles inferiores. Una gran escalera situada en el espacio central conecta la entrada principal con las galerías de la planta superior pertenecientes a la nueva ampliación, y el teatro victoriano con el ateneo.

La escala, los volúmenes y las proporciones establecen una estrecha relación con el edificio preexistente de Charles Barry, mientras que los materiales establecen un contrapunto estético y un diálogo entre lo antiguo y lo nuevo.

City Art Gallery, Manchester

(in association with Barton Myers Associates, Los Angeles)

A limited competition entry to refurbish and extend Sir Charles Barry's Grade I Listed City Art Gallery and adjoining Grade II Athenaeum to provide new galleries and speculative office accommodation. The scheme seeks to operate at the urban scale, as a link between Chinatown and the Peace Gardens adjacent to the Town Hall, and, at the building scale, in the manner by which the symmetry and clarity of Barry's plan of the City Art Gallery is extended.

The entrance hall to the City Art Gallery becomes the primary organisational space from which there is direct visual contact with all public amenities and a central concourse, together with views through to a sculpture court at the second floor level. The concourse maintains an articulation and yet links both the new and old buildings. It affords a public route through the Gallery at ground level and also provides access to the offices, café bar and other educational facilities at the lower levels. A grand staircase passes at right angles through the concourse, connecting the principal entrance to the upper level galleries within the new extension and the Victorian theatre within the Athenaeum.

The scale, massing and proportions relate directly to Barry's precedents whilst the materials set up an aesthetic contrast and an interplay between old and new.

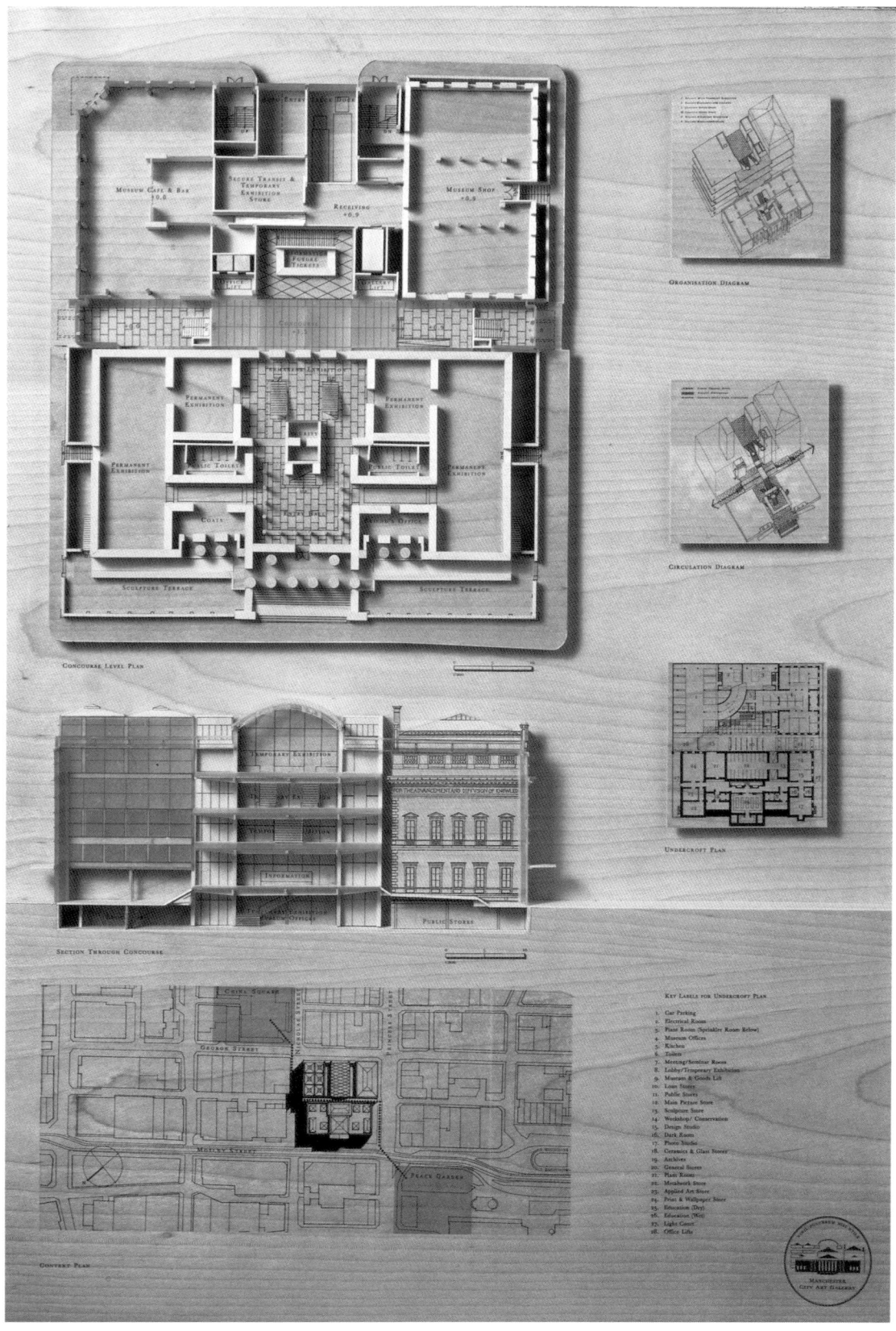

CONCOURSE LEVEL PLAN

MUSEUM CAFE & BAR

SECURE TRANSIT & TEMPORARY EXHIBITION STORE

RECEIVING

MUSEUM SHOP

PUBLIC TICKETS

PERMANENT EXHIBITION

PERMANENT EXHIBITION

PERMANENT EXHIBITION

PUBLIC TOILETS

PUBLIC TOILETS

PERMANENT EXHIBITION

SCULPTURE TERRACE

SCULPTURE TERRACE

SECTION THROUGH CONCOURSE

TEMPORARY EXHIBITION

INFORMATION

PUBLIC STORES

FOR THE ADVANCEMENT AND DIFFUSION OF KNOWLEDGE

ORGANISATION DIAGRAM

CIRCULATION DIAGRAM

UNDERCROFT PLAN

CONTEXT PLAN

CHINA SQUARE

GEORGE STREET

MOSLEY STREET

PEACE GARDEN

KEY LABELS FOR UNDERCROFT PLAN

1. Car Parking
2. Electrical Room
3. Plant Room (Specialist Room Below)
4. Museum Offices
5. Kitchen
6. Toilets
7. Meeting/Seminar Room
8. Lobby/Temporary Exhibition
9. Museum & Goods Lift
10. Loan Store
11. Public Stores
12. Main Picture Store
13. Sculpture Store
14. Workshop/ Conservation
15. Design Studio
16. Dark Room
17. Photo Studio
18. Ceramics & Glass Store
19. Archives
20. General Stores
21. Plant Room
22. Metalwork Store
23. Applied Art Store
24. Print & Wallpaper Store
25. Education (Dry)
26. Education (Wet)
27. Light Court
28. Office Lift

MANCHESTER CITY ART GALLERY

43

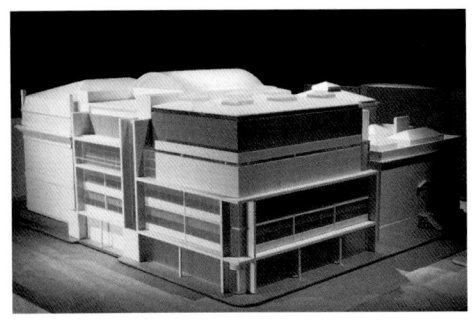

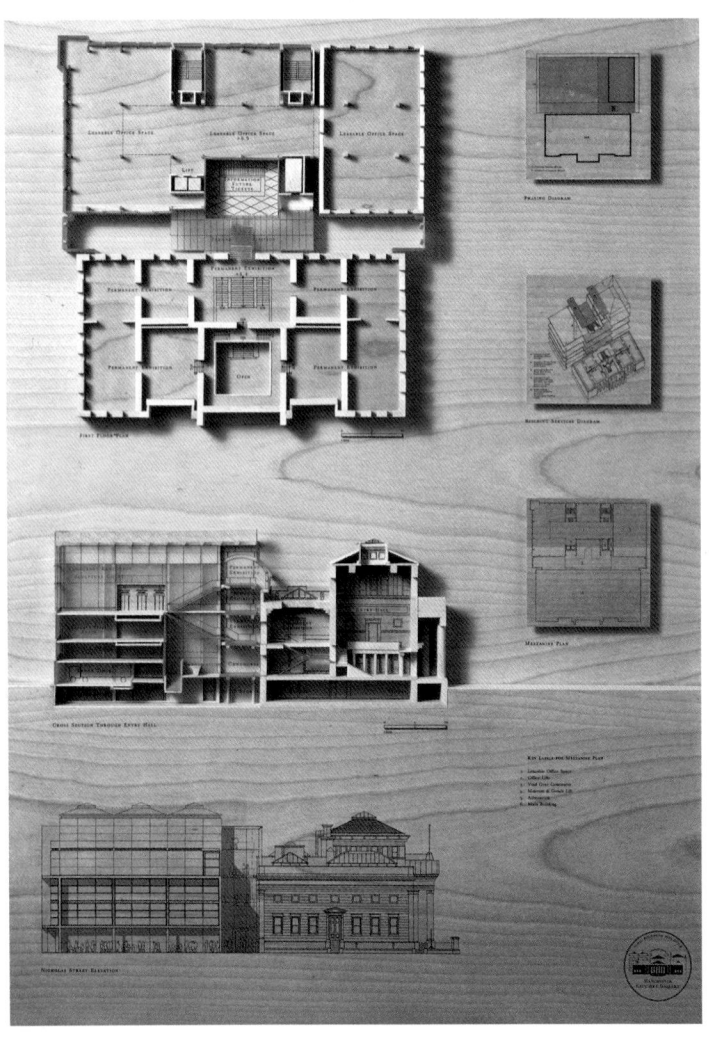

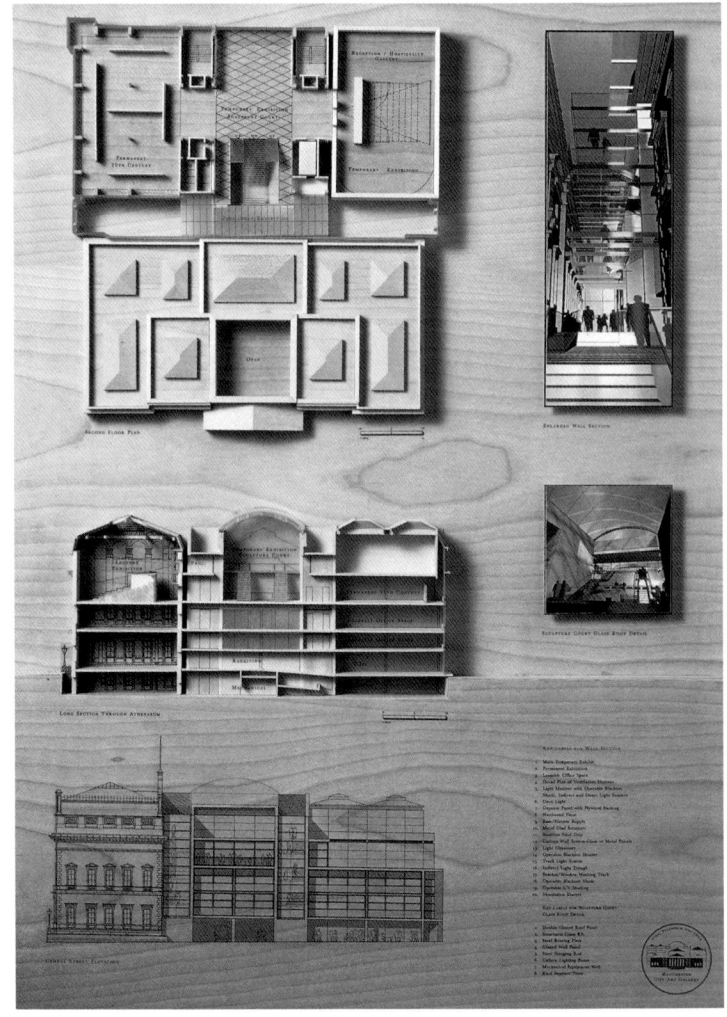

44

MAIN
TEMPORARY
EXHIBITION

TEMPORARY EXHIBITION
SCULPTURE COURT

PERMANENT EXHIBITION

THIRD FLOOR PLAN

VIEW OF PRINCESS STREET ENTRY

VIEW OF STAIRS TO SCULPTURE COURT

MATERIAL SAMPLES

1. Stainless Steel
2. Laminated Glass
3. Stone

VIEW OF SCULPTURE COURT

MANCHESTER
CITY ART GALLERY

1995

Heaton Hall y renovación del parque, Manchester

Heaton Hall and Park regeneration, Manchester

La ampliación de Heaton Hall, una sala georgiana de estilo paladiano de James Wyatt (categoría I), estaba destinada a albergar un centro de información para Heaton Hall y para el parque de los alrededores. El Centro adopta la forma de un pabellón sutilmente unido al Hall. De este modo, se puede leer como una entidad aislada, resaltando la composición simétrica del Hall y formalizando su proporción a partir del ala oeste. El paso cerrado también dialoga sutilmente con la columnata.

La entrada al pabellón adopta la forma de un jardín de invierno acristalado donde el parque se extiende como un nexo de relación entre el paisaje y el edificio. Desde ahí se puede distinguir los tres niveles: aulas y oficinas en la planta sótano; tienda, centro de información, cocina y laboratorio en la planta principal; sala de máquinas y bar en la primera planta. En cada una de ellas, los espacios principales están separados por un núcleo de servicio, y un paso de comunicación permite que la cocina sirva también a los espacios situados en el Hall.

Entre el pabellón y el Hall, se ha proyectado un patio hundido con luz natural y un espacio privado para albergar las oficinas.

This extension to Heaton Hall, a Grade I Palladian style Georgian hall by James Wyatt, is for an orientation centre both for the Hall and the surrounding parkland. The Centre takes the form of a pavilion linked tenuously to the Hall. In this way it is capable of being perceived as an isolated entity, presenting the symmetrical composition of the Hall, and generating its proportion from the west wing, with the walled link also being responsive to the colonnade.

The entrance to the pavilion takes the form of a glazed winter garden into which the parkland extends as an interface between landscape and building. From here, the three levels are legible; classrooms and offices at basement level; shop, resource centre, kitchen and demonstration theatre at ground level; and function room and bar at first floor level. At each level the primary served accommodation is separated by a central servant core. A link permits the kitchen to serve the hospitality rooms within the Hall.

Between the pavilion and the Hall, and defined by the link, is a sunken courtyard affording natural light and amenity space to office accommodation.

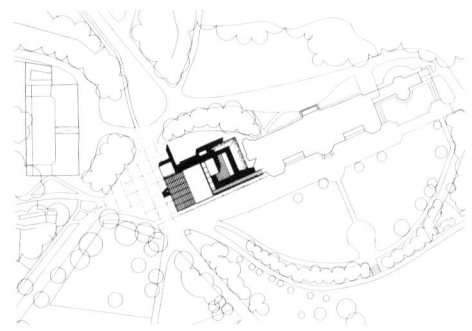

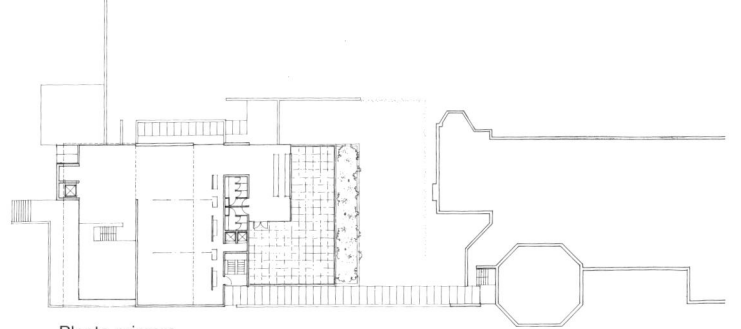

Planta primera
First floor

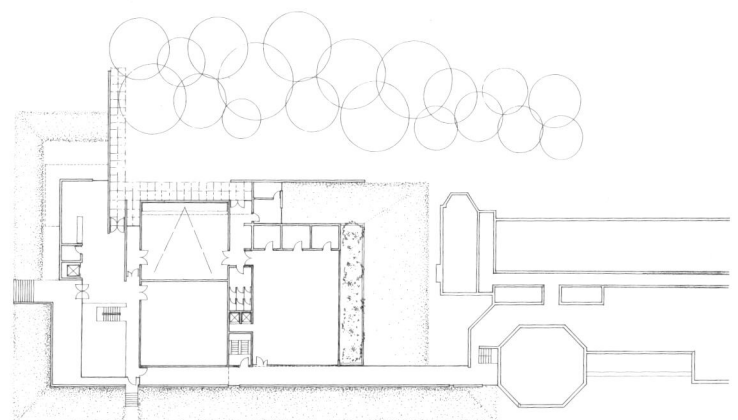

Planta baja
Ground level

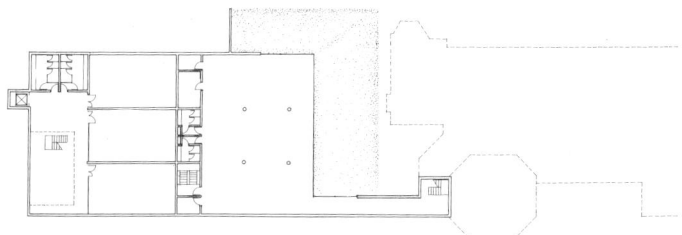

Planta sótano
Basement level

Edificio del Centenario, Universidad de Salford

Centenary Building, University of Salford

Cuando el cliente explicó sus requisitos, pidió que el proyecto reflejara la función del edificio —destinado a albergar los departamentos de diseño espacial, gráfico e industrial— describiéndola como una "fusión de diseño y tecnología".

La forma que se ha adoptado para el edificio responde a los deseos del cliente; las diferentes funciones se articulan y expresan con claridad. El programa interno y la respuesta al contexto provocan que el edificio establezca una relación entre la ciudad y el campus. De forma esquemática, el edificio funciona como un patio interior característico de los edificios universitarios.

Talleres, salón de actos y tres torres de servicios están contenidos dentro de un edificio ortogonal de cuatro pisos en el límite con la ciudad. Las aulas y los departamentos tecnológicos se sitúan en un elemento libre de tres plantas que define el nuevo patio. El principal mecanismo de organización entre los dos tipos de alojamiento es un atrio lineal o *calle* en el cual se desarrolla toda la circulación horizontal a través de galerías. De este modo, la vida de la calle es un referente de la vitalidad del edificio. Las áreas comunes, las oficinas colindantes y los talleres se relacionan con el exterior dinamizando el edificio e impregnándole un sentido de utilidad.

When setting the brief, the client described the function of this building as a "fusion of design and technology" and asked that it reflect this. It houses the Departments of Spatial, Graphic and Industrial Design.

The form is generated from the desire to articulate a clear expression of the brief, the internal programme, and a response to the building's context astride the threshold between the city and the academic campus. Diagrammatically, the building defines a collegiate courtyard to an existing University building.

Flexible studio and seminar space, and three service towers, are contained within a four-storey orthogonal 'bar' of accommodation which defines the edge of the city block. Prescribed tutorial accommodation and technology suites arranged in a free-form three-storey element address the newly defined courtyard. The primary organisational device between the two types of accommodation is a linear atrium or 'street' within which all horizontal circulation via galleries is contained. In this way street life becomes an aspect of the life of the building; common areas and adjoining offices and studios engage with the street and animate the building and imbue it with a sense of purpose.

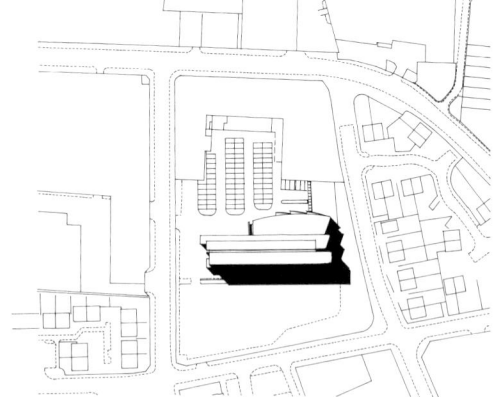

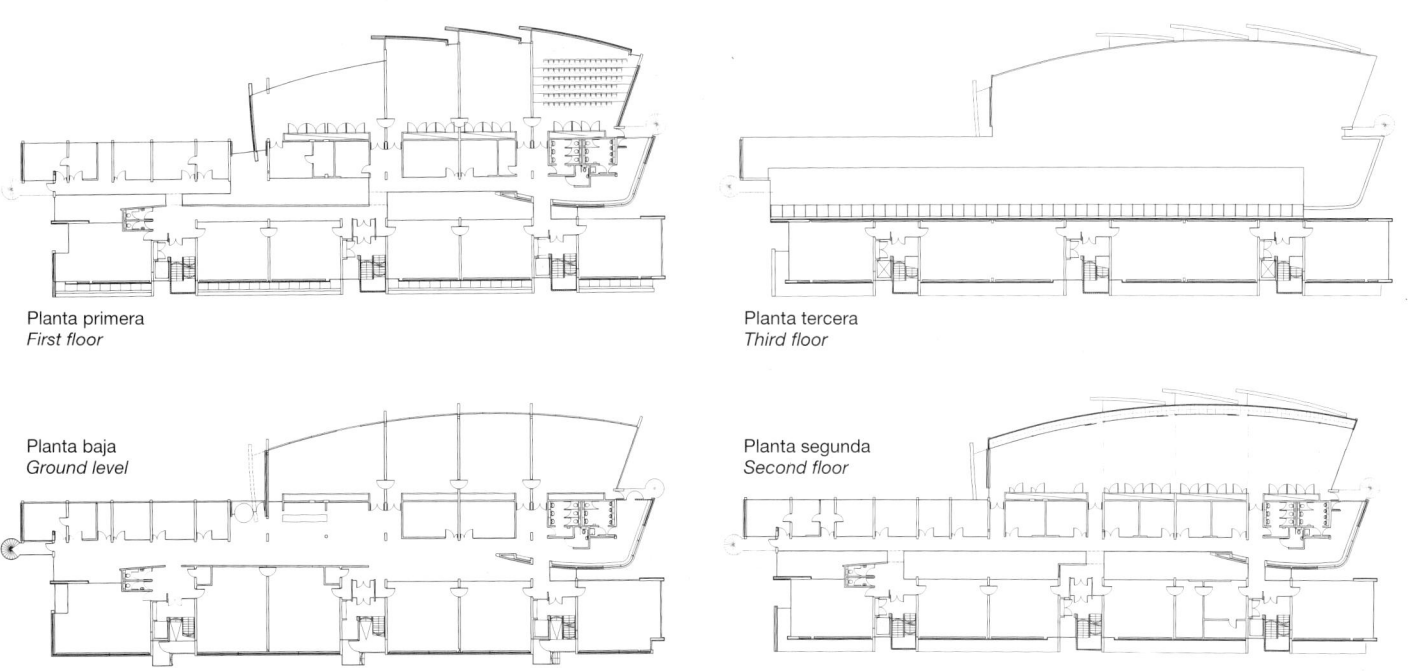

Planta primera
First floor

Planta tercera
Third floor

Planta baja
Ground level

Planta segunda
Second floor

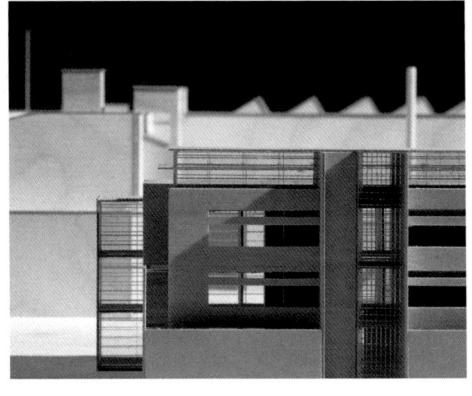

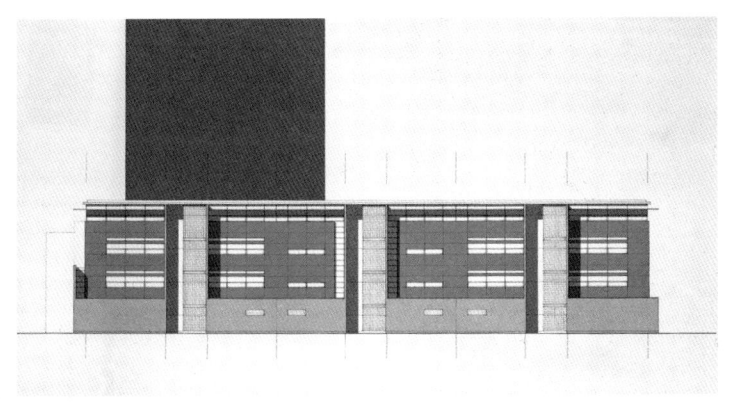

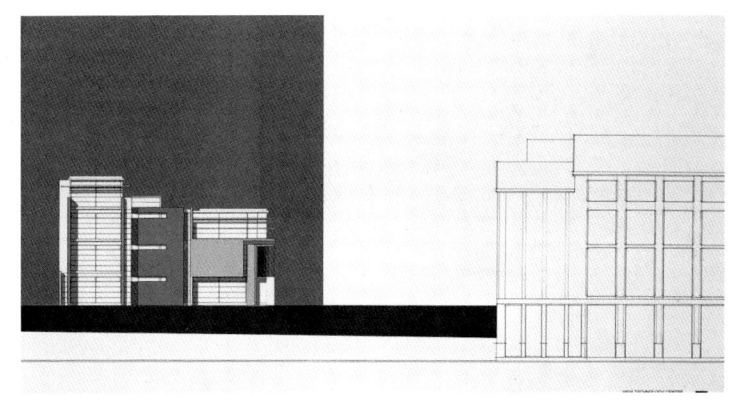

Sección longitudinal
Longitudinal section

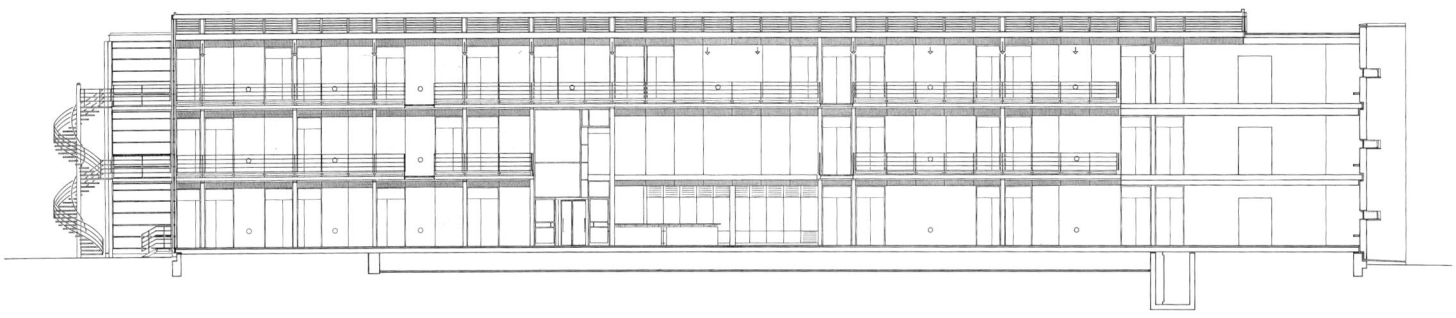

Fachada posterior
Rear elevation

Patio interior
Interior courtyard

Sección transversal
Cross-section

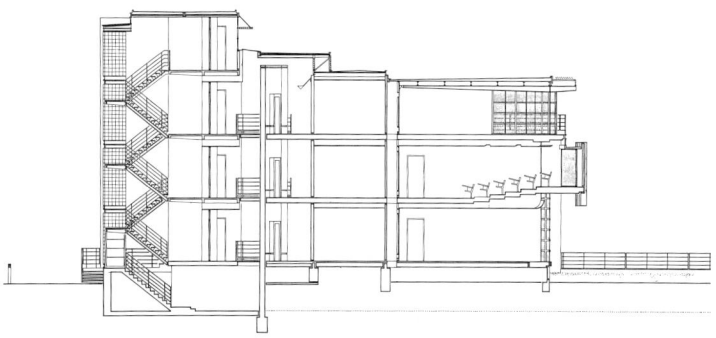

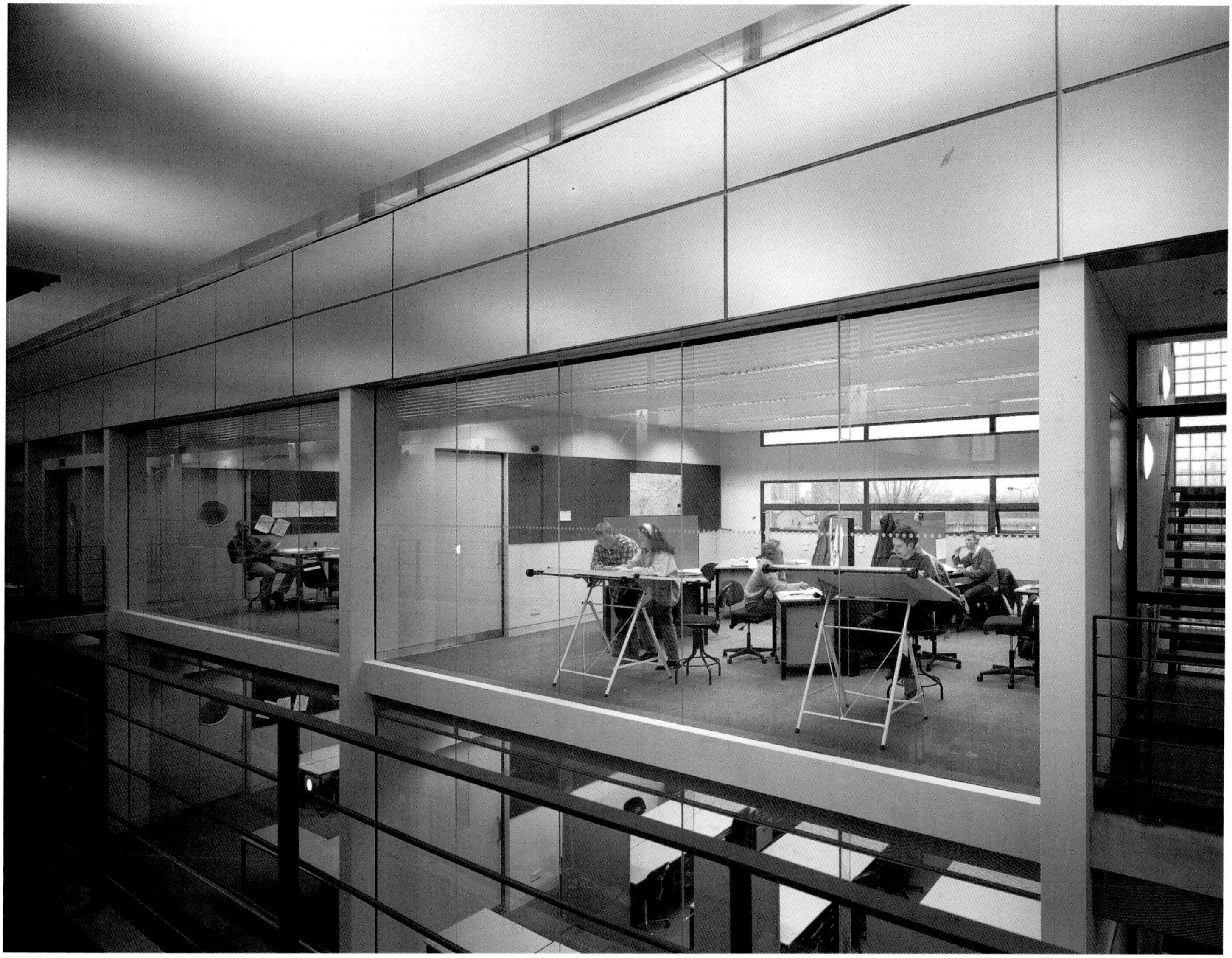

1996

Clínica City Road, Hulme, Manchester

City Road Surgery, Hulme, Manchester

La consideración del contexto en Hulme es muy relevante. En la actualidad, el barrio ha experimentado su tercera fase de desarrollo. Esta clínica es un excelente ejemplo de cómo un modesto edificio puede responder eficazmente al acuciante problema de suturar un tejido urbano dañado. Una serie de mecanismos arquitectónicos pretende aportar una presencia urbana adecuada. Un basamento de ladrillo de una planta y media de altura, pensado como mecanismo de seguridad pasiva, acentúa la escala del edificio. La axialidad y la proporción de la entrada, reforzada por una clara expresividad estructural unida a la cubierta exenta, conforman una poderosa composición.

Conceptualmente se puede observar una gradación del espacio público hacia el privado. La sala de espera alcanza toda la altura del edificio manteniendo la conexión visual del exterior hacia el interior y favoreciendo la legibilidad, no sólo de la forma del edificio, sino también de su organización a través de la vistas oblicuas horizontales y verticales. Un recorrido principal pasa a través del edificio hacia las salas privadas de consulta y cuidados médicos, espacios mucho más privados.

La arquitectura responde a la imagen y al uso adecuados de una clínica, facilita que la luz natural impregne los diferentes espacios y que se consiga un ambiente tranquilo.

Consideration of context is nowhere more compelling than in Hulme. The quarter has recently been undergoing its third generation of development. This surgery represented a demanding problem as to how a modest building could contribute to a restitching of such blighted urban fabric. A series of architectural devices seek to impart an appropriate urban presence. A one-and-a-half-storey brick plinth, conceived as a passive security device, increases its apparent scale. The axiality and proportion of the entrance, reinforced by a clear structural expression which engages with the monocoque roof, presents a powerful composition to the street.

Diagrammatically there is a gradation of public through to private space. The public waiting area extends to the underside of the roof, maintaining the visual connection from outside to inside and offering a legibility not only to the building's form but, via horizontal and vertical oblique views, to the organisation of the building. A central route extends through the layers of the building to the private treatment room and consulting rooms, which are more intimate spaces for confidential interchange and examination.

The architecture contributes and assists the process within the surgery, with natural light permeating the layers and enhancing the calm environment.

Planta primera
First floor

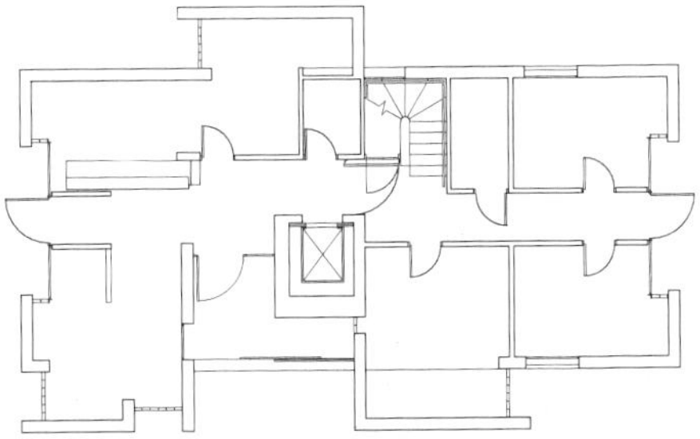

Planta baja
Ground level

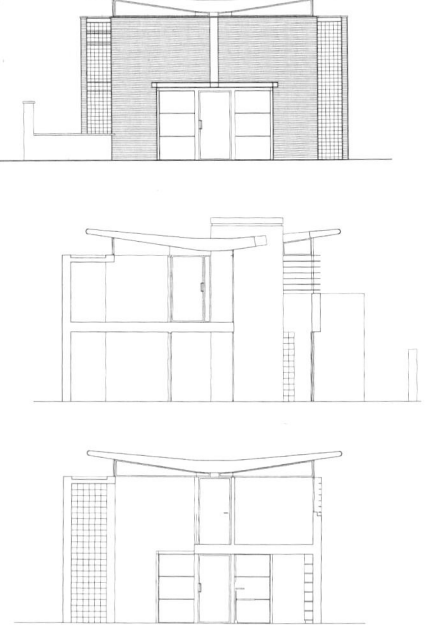

Plan general del campus, Universidad de Nottingham

New campus masterplan, University of Nottingham

Los objetivos de este nuevo campus eran:
• generar un campus con una idea de lugar único que respondiera a su entorno contextual, tanto físico como social;
• preservar y ampliar la esencia del ya existente University Park y facilitar las comunicaciones;
• facilitar emplazamientos para edificios individuales adecuados al ambiente académico;
• desarrollar un esquema claro y legible basado en los principios generales de urbanización para facilitar la orientación y la creación de un ambiente sugestivo;
• permitir un modelo de crecimiento claro e identificable, que sea reconocible en cada fase de su desarrollo;

El plan general adopta la forma de dos nodos conectados por un edificio curvado de servicio con los edificios académicos de mayor densidad en los extremos y en armonía con la ciudad. La residencia universitaria está situada entre los dos núcleos académicos que la comparten. Un canal amplía la longitud de la vía principal, ofreciendo no sólo un atractivo visual y un enclave para los edificios, sino también un mecanismo que suaviza el ambiente.

The objectives for the new campus were:
• *to generate a campus with a unique sense of place which responds contextually to its immediate environment both physically and socially*
• *to preserve and extend the culture and figure ground of the existing University Park and to afford accessible links*
• *to offer settings for the individual buildings conducive to an academic environment*
• *to develop a clear and legible diagram based on recognised townscape principles to allow ease of orientation and create a stimulating environment*
• *to allow a clear and identifiable pattern for growth and yet be recognisably complete at each phase in the development.*

The masterplan takes the form of two nodes connected by a curved serviced link with academic buildings offering the greatest density at the extremities and which engage with the city. Residential accommodation is located between the two academic cores which share it. A canal extends the full length of the spine, not only offering a visual amenity and setting for the buildings but also an environmental attenuating device.

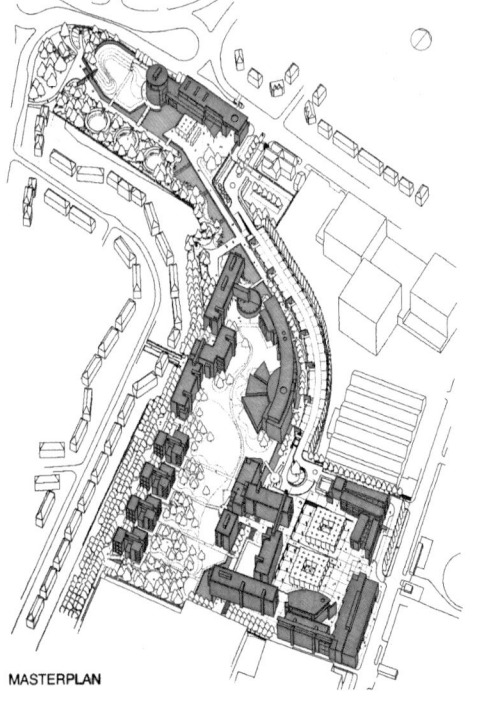

MASTERPLAN

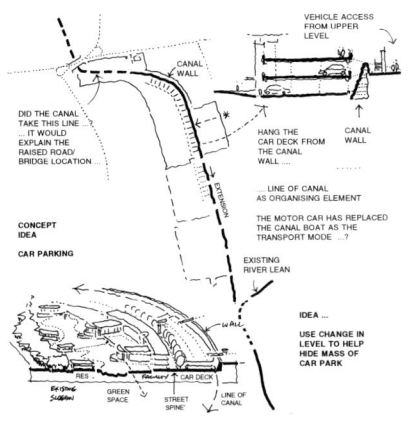

DID THE CANAL
TAKE THIS LINE ...?
... IT WOULD
EXPLAIN THE
RAISED ROAD/
BRIDGE LOCATION ...

CANAL
WALL

VEHICLE ACCESS
FROM UPPER
LEVEL

CANAL
WALL

HANG THE
CAR DECK FROM
THE CANAL
WALL ....

... LINE OF CANAL
AS ORGANISING ELEMENT

THE MOTOR CAR HAS REPLACED
THE CANAL BOAT AS THE
TRANSPORT MODE ...?

EXISTING
RIVER LEAN

CONCEPT
IDEA

CAR PARKING

IDEA ...

USE CHANGE IN
LEVEL TO HELP
HIDE MASS OF
CAR PARK

EXISTING
SLIPWAY

RES.

GREEN
SPACE

CAR DECK

STREET
SPINE

LINE OF
CANAL

WALL

EXTENSION

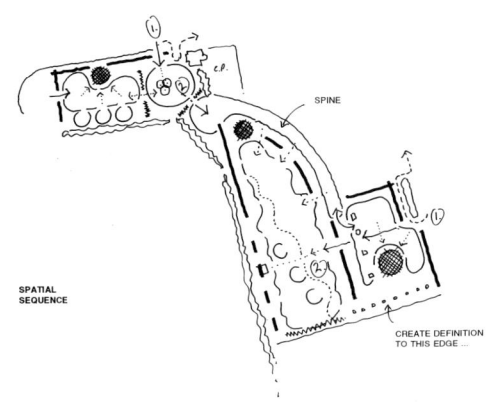

SPATIAL
SEQUENCE

SPINE

CREATE DEFINITION
TO THIS EDGE ...

Centro deportivo de Grange-over-Sands, Cumbria

Sports Centre, Grange-over-Sands, Cumbria

Grange-over-Sands no ha tenido una piscina desde los años treinta, y la casa de baños cerró hace ya seis años. El terreno en que se emplaza el proyecto, ligeramente inclinado hacia la bahía de Morecambe, está rodeado de frondosos árboles.

La topografía urbana se caracteriza por su grano fino, y por eso el centro deportivo está dividido en dos volúmenes —la pista de deportes y la piscina— unidos por un espacio intermedio acristalado. Las vistas al mar enmarcadas entre los dos volúmenes permiten vislumbrar también los flancos de los edificios del pueblo. La piscina y su expresividad estructural sobresalen de la pendiente mientras que la pista de deportes se hunde en la misma.

Un entarimado de madera recorre la entrada del emplazamiento hasta llegar al espacio acristalado entre ambos edificios, con vistas directas al mar. Sobre este entarimado está situada la cafetería. A la piscina de 24 x 18 m se llega por un puente acristalado; y una escalera y un ascensor conducen a la pista de deportes. Los elementos que conforman la sala de deportes de 33 x 18 m —estructura metálica vista en el interior, revestimiento de tablas de cedro sobre un basamento de piedra— establecen un intencionado contraste.

Se ha pretendido que el conjunto generase un espacio elegantemente modesto más que una obra elaborada en exceso.

Grange-over-Sands has been without a swimming pool since the 1930s lido closed six years ago. The site for its replacement is bounded by mature trees and is gently sloping with a magnificent aspect towards Morecambe Bay.

The town is characterised by its fine grain and so the sports centre is divided into two volumes —the sports hall and the swimming pool— with a glazed link. Sea views are framed between the two, recalling similar glimpses down the flanks of the town's buildings. The structurally expressive pool protrudes out of the slope whilst the more reticent sports hall sinks into it.

A timber boardwalk runs from the entrance of the site between the buildings, again culminating with a view over the bay. Within this boardwalk is located a café bar. The 25 x 13 m pool is reached by a glazed bridge; a staircase (and lift) lead down to the sports hall. The 33 x 18 m sports hall is a purposeful contrast; its steel structure is internal, clad in cedar boarding on a stone plinth.

Modest elegance rather than over-elaboration is the intent, from overall form to the fittings.

Planta sótano
Basement floor

Planta baja
Ground level

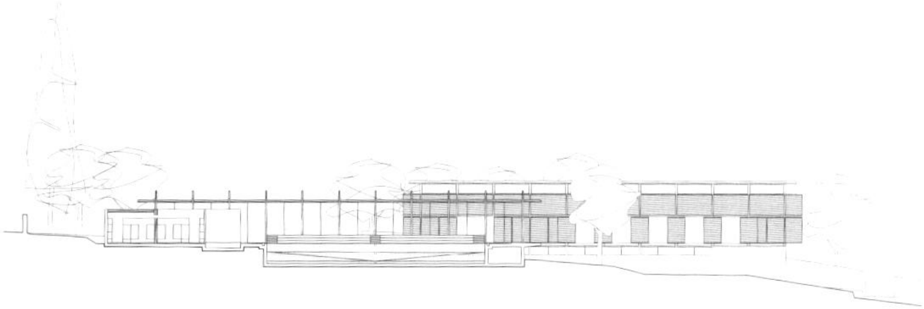
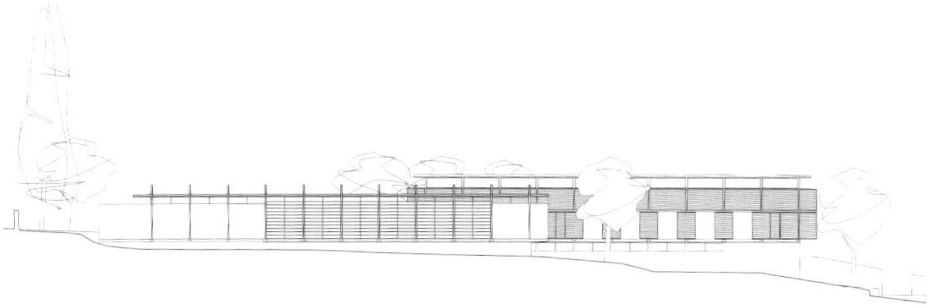
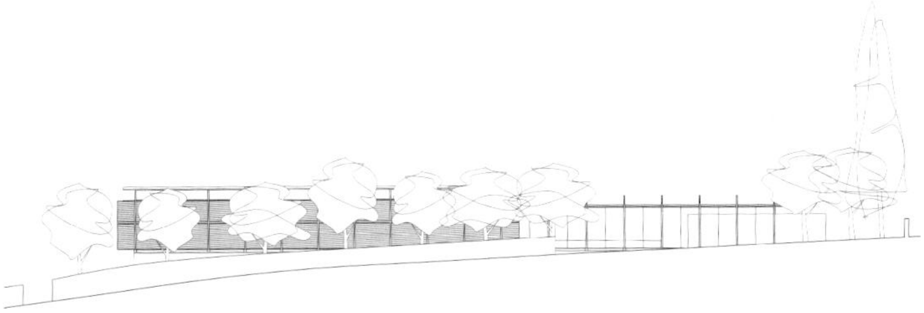
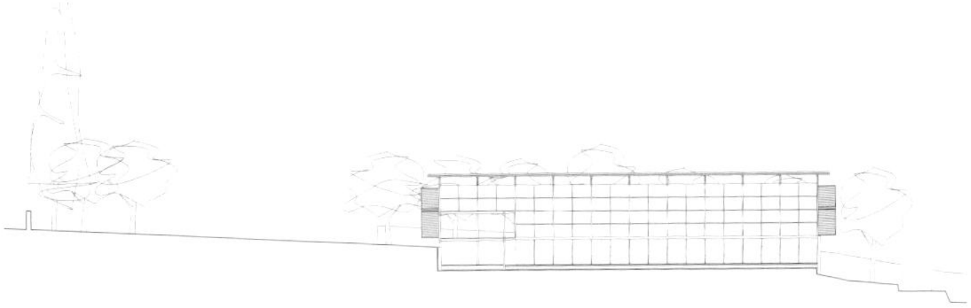
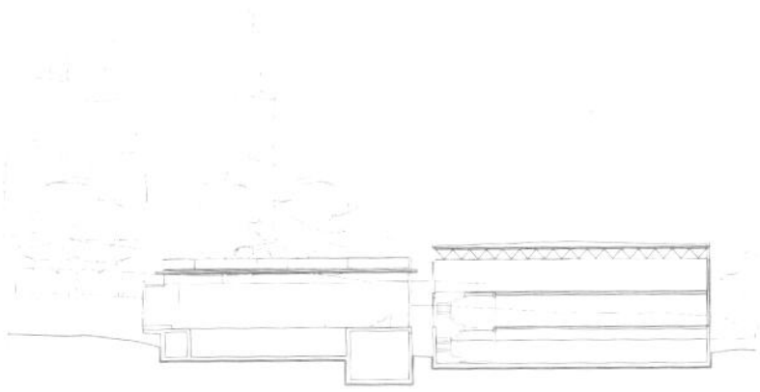
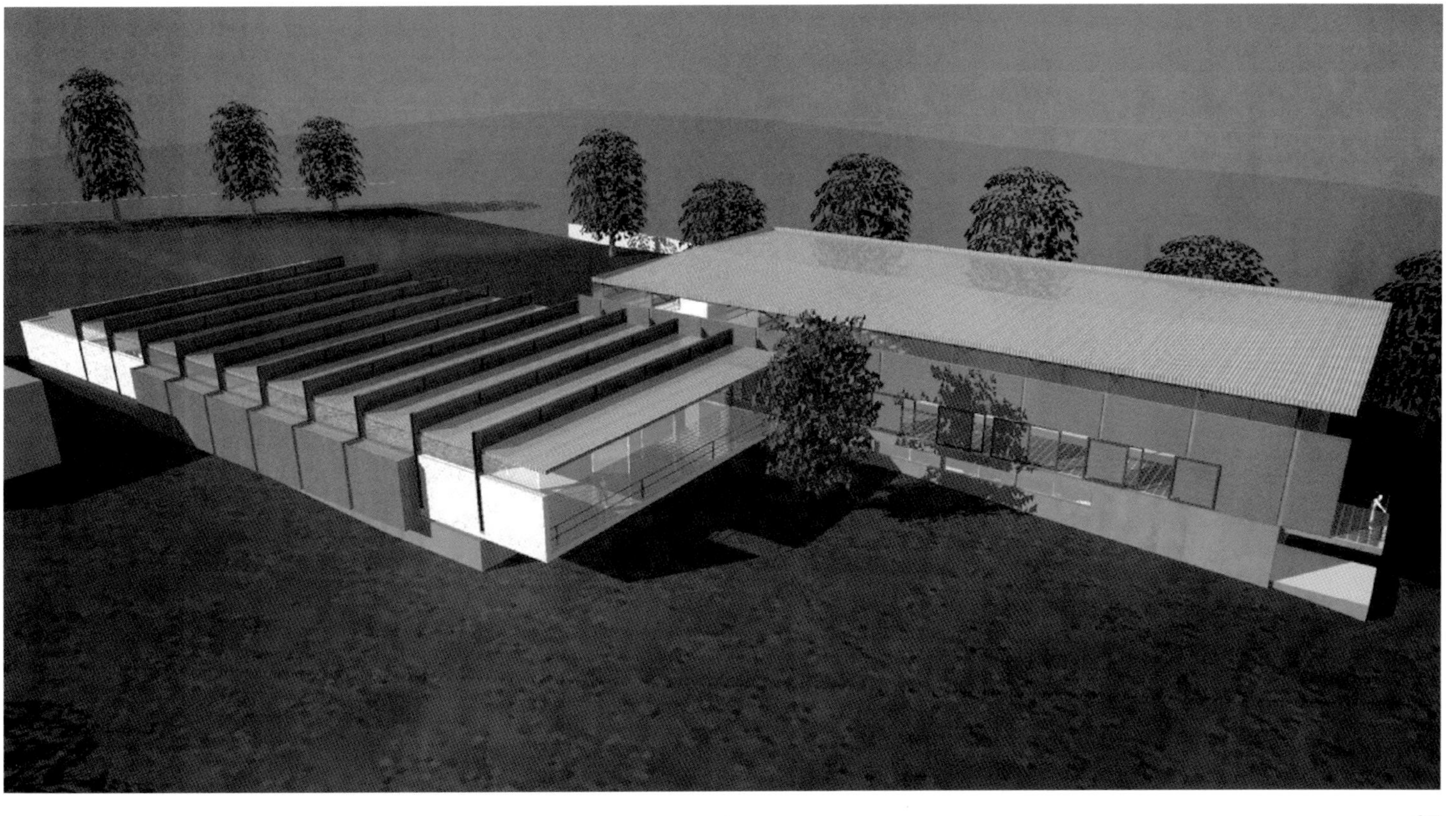

CUBE (Centro para la comprensión del entorno construido), Manchester

CUBE es, principalmente, un centro de arquitectura, parte de una red de trabajo que se está estableciendo en el Reino Unido. Representa un importante foro público para la exposición y debate de temas sobre arquitectura. Localizado en un antiguo almacén de algodón (categoría II), el proyecto intenta que la renovación y conversión de las dos plantas que forman la galería se lean como un estrato contemporáneo añadido a la estructura histórica preexistente.

La entrada a las galerías y a la librería del Instituto Real de Arquitectos Británicos (RIBA), situadas en la planta principal, se realiza a través de un nuevo vestíbulo que presenta una fachada anónima tanto para CUBE como para las demás oficinas situadas en el resto del edificio. Las galerías son sencillas, están realizadas con un juego de interposición de nuevas mamparas y vidrios traslúcidos que contrastan con el recinto conservado. Los nodos de servicio que articulan los espacios y un suelo de madera de haya proporcionan coherencia al conjunto.

Dos nuevas escaleras de planchas de acero descienden a la galería del sótano y a la sala de lectura. El tratamiento de estos espacios es parecido al de la planta principal donde la luz natural penetra en el interior a través de las claraboyas.

CUBE (*Centre for the Understanding of the Built Environment*), *Manchester*

CUBE is essentially an architecture centre, part of a network being established throughout the UK. It represents an important public forum for the display and debate of architecture. Located in a Grade II Listed former cotton warehouse, the refurbishment and conversion of the two floors which make up the gallery seeks to add a further contemporary layer to the historic framework.

The entrance to the two ground floor galleries and the RIBA Bookshop is via a new foyer which presents an anonymous front to both CUBE and the offices within the remainder of the building. The galleries are quite simple, with a subtle interplay of new screens and diffuse side-glazing set against the conserved enclosure. Serviced nodes articulate the spaces and a new beech floor gives coherence to the whole.

Two new staircases of folded steel descend to the basement gallery and lecture room. The treatment of these spaces is very much as the ground floor, with natural light permeating from rooflights above.

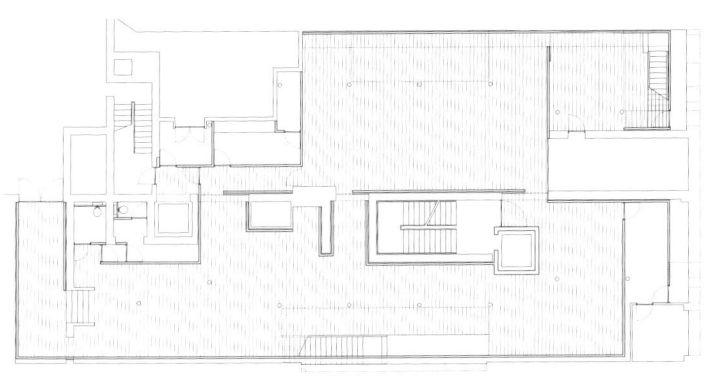

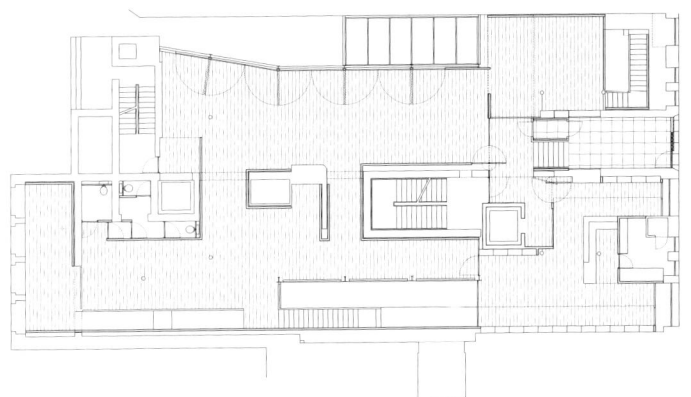

URBAN DESIGN · PLANNING LAW
MANAGEMENT · PRACTICE

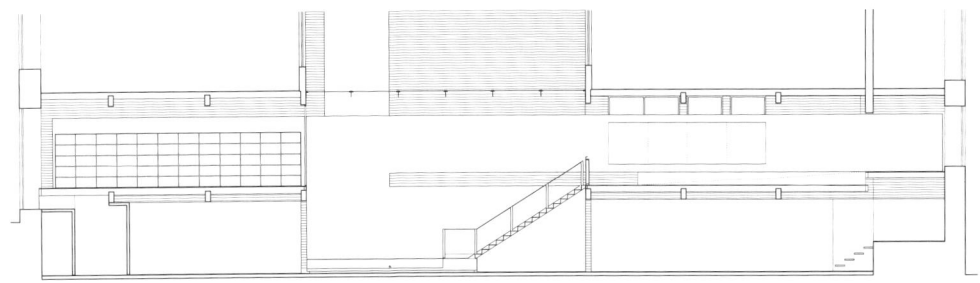

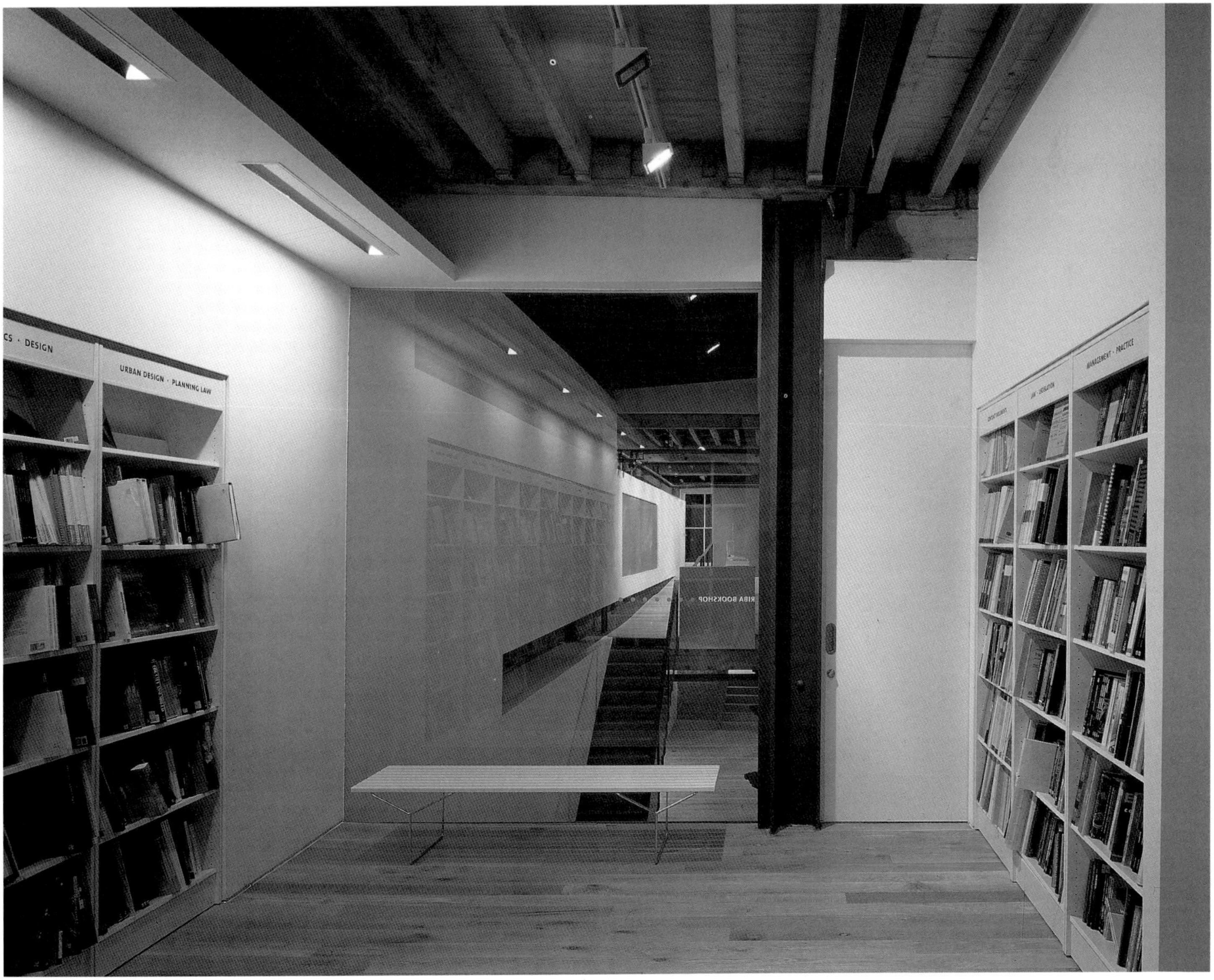

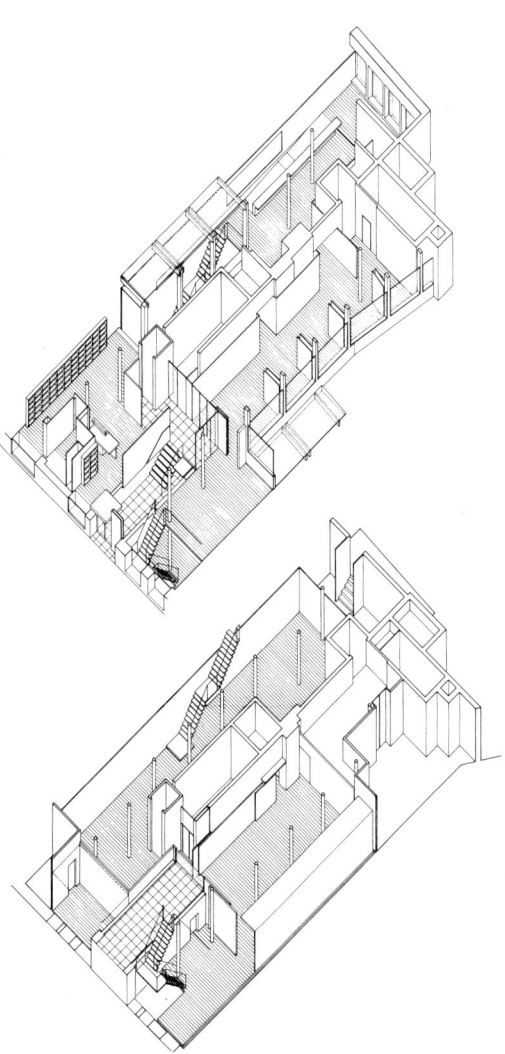

... about living not existing...

Centro de Orientación Universitaria, Manchester

Careers Services Unit, Manchester

Este edificio de oficinas está situado en el extremo este del campus de la Universidad de Manchester. El campus se caracteriza por su morfología de pabellones que en lugar de definir el espacio simplemente lo ocupan. La intención era unir los desdibujados extremos de los edificios colindantes, definiendo un patio colegial.

Un muro de paneles de hormigón pulido define ambos extremos del emplazamiento y completa el patio donde se encuentra el edificio. Dos cubiertas envuelven los diferentes niveles y se cruzan para formar una entrada dinámica, a triple de altura. La entrada representa la cara pública del Centro de Orientación y contiene espacios compartidos. Unos pasos cruzan el espacio y comunican las oficinas situadas en las dos alas del edificio. Para facilitar la flexibilidad del espacio, los servicios se sitúan en los extremos.

La modulación del pavimento está en concordancia con la fachada exterior y es parte de la estrategia contextual. Este edificio dispone de una ventilación natural: las temperaturas extremas se regulan por la masa térmica y las oficinas ventilan hacia la sala de la entrada.

This office building is to the eastern edge of a University of Manchester campus characterised by 'pavilion' buildings which stand in space rather than define it. It seeks to 'stitch' together the abrupt ends of the adjoining buildings and define a collegiate courtyard.

A wall of polished concrete panels defines the two edges of the site and completes the courtyard on which sits the layered and rendered building. Two folded planar roofs envelop the layers and intersect to generate a dynamic reception/entrance hall which rises through the three storeys. This space represents the public face of CSU and contains shared accommodation. Link bridges bisect the space joining the office accommodation housed within the concrete-framed flexible wings. Service accommodation is articulated at the ends underpinning this flexibility.

The coffers to the floors are expressed not only to offer a rhythm resonant with the external wall, but as part of the environmental strategy. This is a naturally ventilated building, extremes in temperature being tempered by the thermal mass and the offices' cross-venting into the entrance hall.

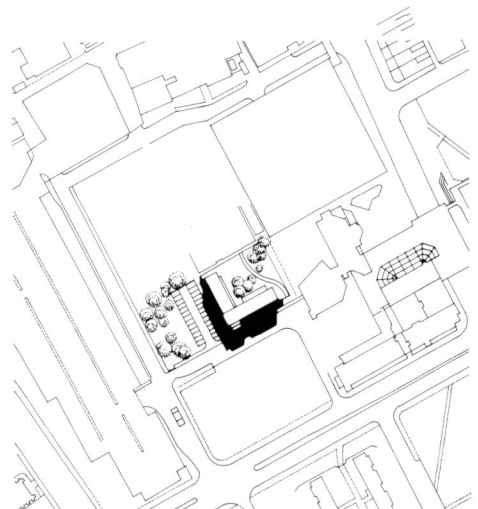

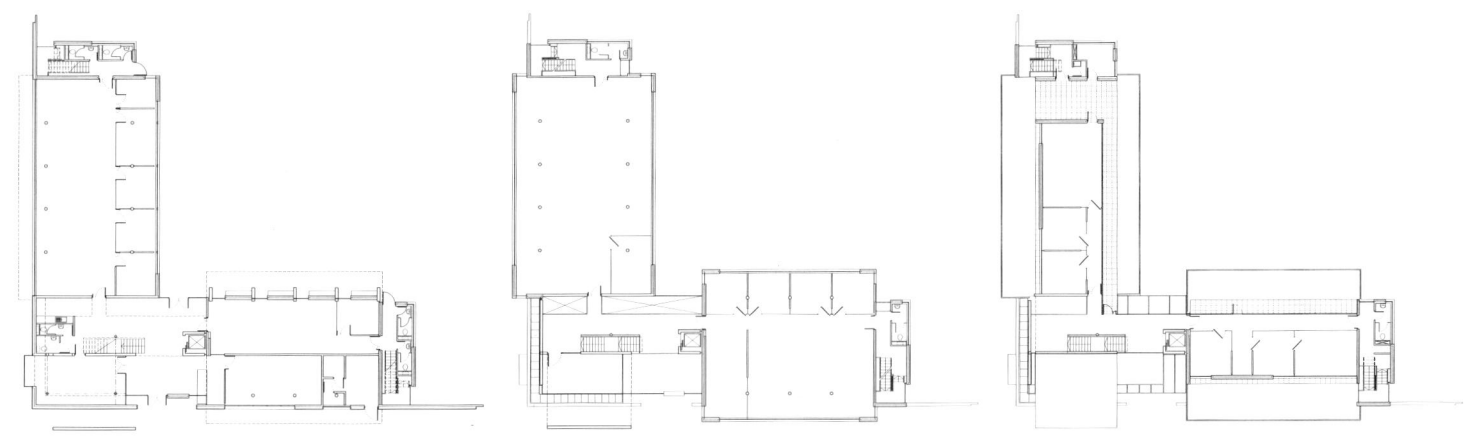

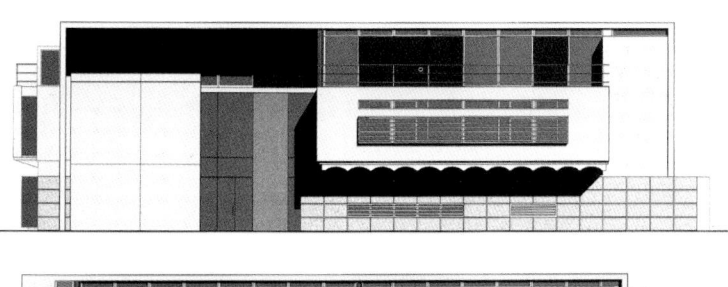

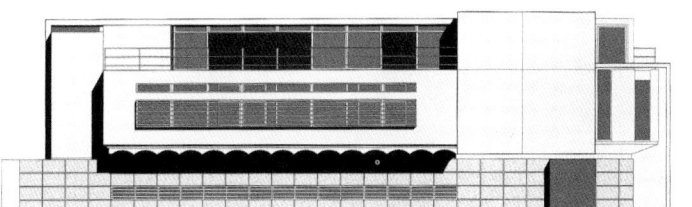

1998

Centro deportivo Clissold, Hackney, Londres

Clissold Sports Centre, Hackney, London

Este proyecto incluye una piscina de competición de 25 x 17 m con gradas para espectadores, otra piscina secundaria de 25 x 13 m, una sala de entrada para la zona de aguas y un campo de deportes. Además hay una zona de aguas termales, un gimnasio, dos pistas de squash, una guardería y otros espacios de soporte. El proyecto intenta sintetizar un centro deportivo rentable con la necesidad de actuar como catalizador de una regeneración urbana.

Conceptualmente, el edificio está dividido en dos: los espacios secundarios dentro de un núcleo cruciforme de estructura de hormigón escultural. Todo ello envuelto por un cerramiento de vidrio y acero que define las zonas de actividades y la explanada de la entrada. La explanada constituye un nuevo espacio público exterior entre el centro deportivo y una escuela cercana. Desde ahí se puede observar cómo todas las zonas de actividades, salvo la piscina secundaria, muestran claramente su posición en el edificio. Tanto la cafetería de la explanada como la guardería están abiertas al público en general. El campo de deportes y las zonas de equipamiento están en la planta sótano, reduciendo así la volumetría aparente a los edificios colindantes. Las dos pistas de *squash* y las gradas están situadas en el entresuelo, y el gimnasio en la planta principal.

This project comprises a 25 x 17 m competition pool with spectator seating, a 25 x 13 m teaching pool, introduction to water area and a sports hall. It also contains a health spa, a fitness centre, two squash courts, a crèche and support accommodation. It represents an attempt to synthesise a sustainable sports centre, and one which has an urban responsiveness, by acting as a catalyst for localised regeneration.

Conceptually, the building fragments into two with cellular ancillary accommodation contained within a sculptural concrete-framed cruciform 'core' enveloped by a lightweight glass and steel enclosure defining the performance areas and reception concourse. The concourse is an extension of a new external public space between the sports centre and an adjacent school. From here all performance areas, apart from the teaching pool, may be seen, thereby offering clear orientation within the building. A café bar in the concourse, together with the crèche, may be used by the non-participating public. The sports hall and plant room areas are at basement level, thereby reducing the apparent mass to adjacent housing. Two squash courts and spectator seating are at mezzanine level. The fitness centre is at first floor level.

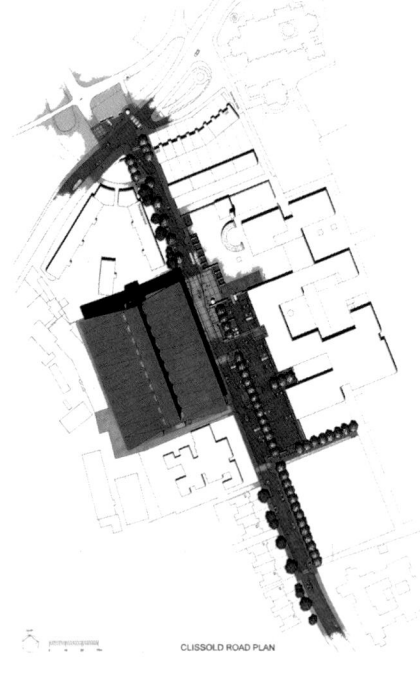

CLISSOLD ROAD PLAN

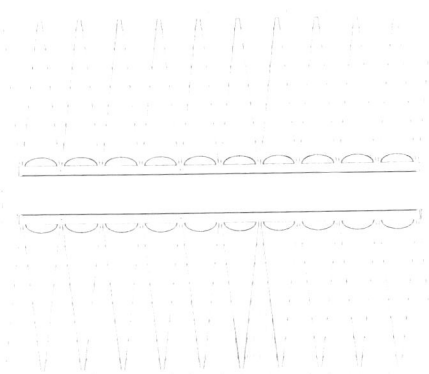

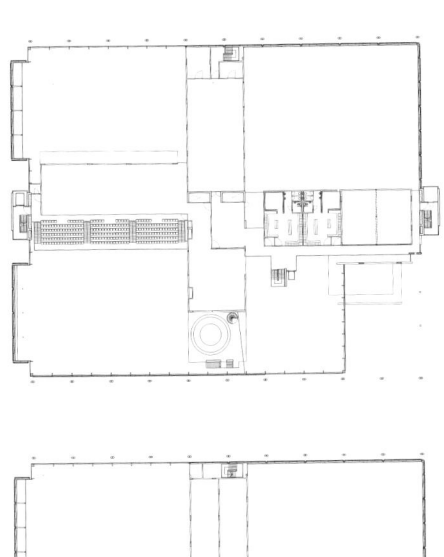

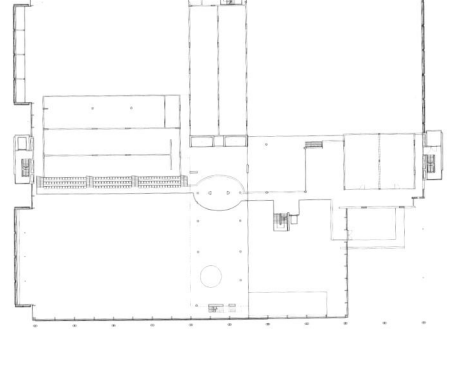

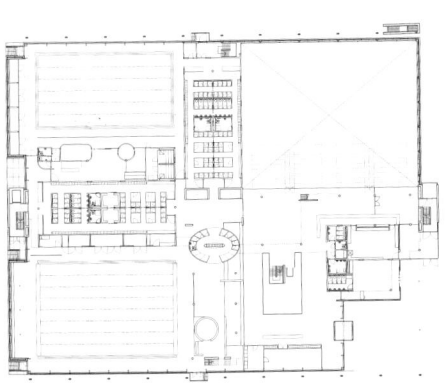

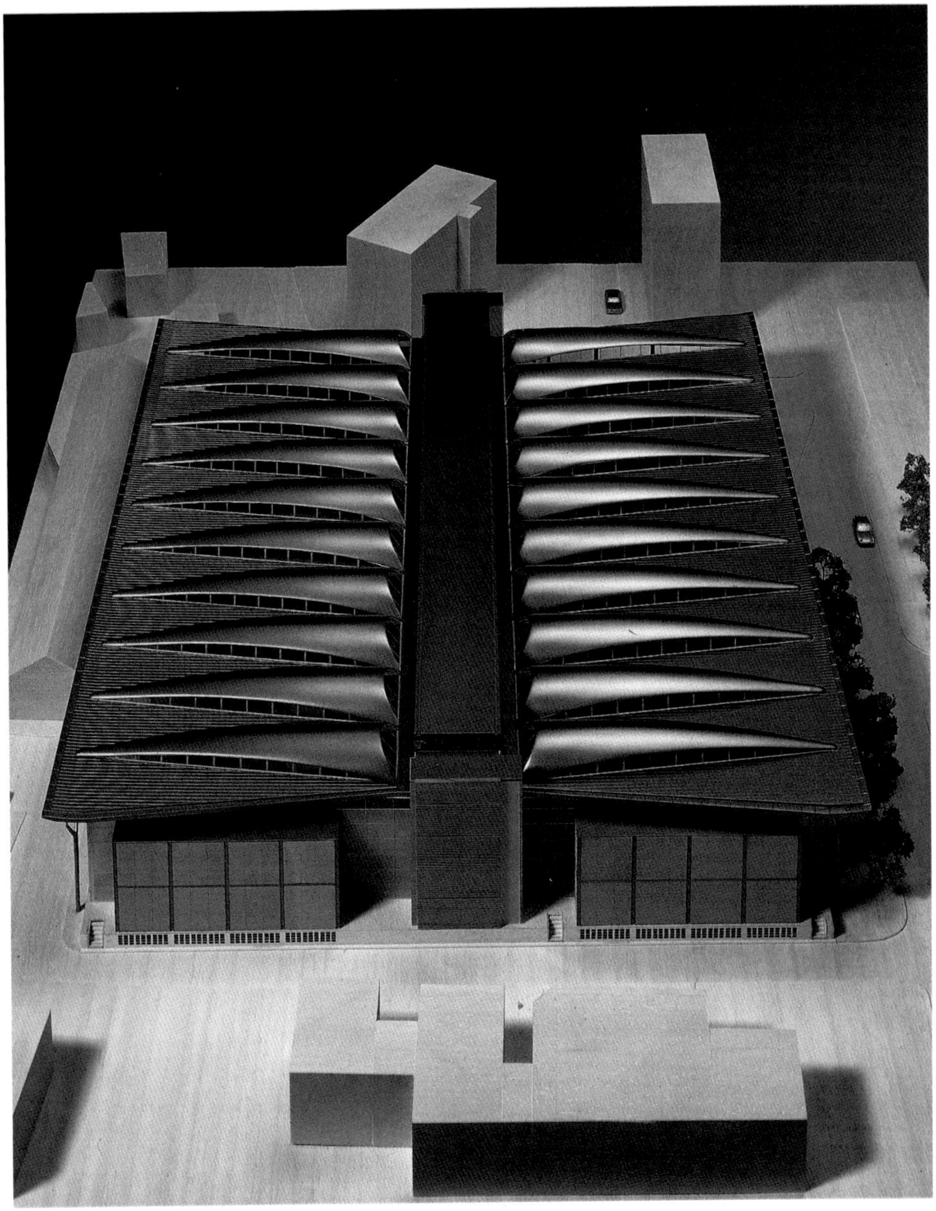

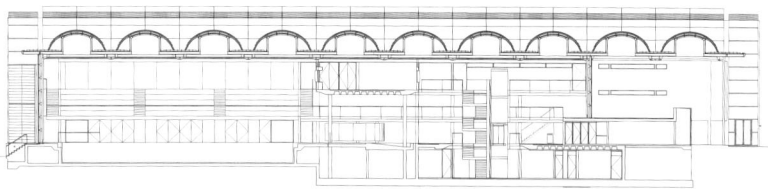
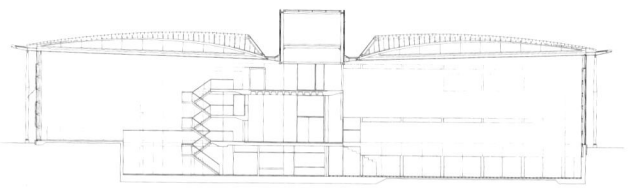

Centro Nacional de Botánica, Knowsley, Liverpool

The National Wildflower Centre Knowsley, Liverpool

El Centro Nacional de Botánica es una organización dedicada a temas de regeneración y ecología. El centro es más que una herramienta educativa: ofrece al visitante una clara explicación del proceso de cultivo de plantas exóticas.

La propuesta, que ganó el concurso, consta de un muro de 160 metros de longitud esculpido para ser habitado que, se extiende a lo largo del parque, uniendo las zonas de los visitantes con las áreas de trabajo del Centro en el interior del jardín amurallado. El muro es mucho más que un simple edificio. Es al mismo tiempo un umbral, un cerramiento y un vínculo. Su carácter se va transformando de acuerdo con los diferentes contextos del parque.

El extremo este del muro de hormigón es completamente accesible y está revestido de roble, definiendo las zonas dedicadas a la enseñanza. Al entrar, el techo se invierte en postigos de roble que cubren una piel interna de hormigón, extendiéndose hasta la cafetería y las oficinas situadas en el extremo oeste.

Un paso entablado corona el muro desde el cual puede verse el parque y el jardín amurallado, el paso se prolonga hacia el Centro Nacional de Botánica.

The Wildflower Centre is a working organisation with regenerative and ecological concerns. The Centre offers an opportunity to be more than an educational tool; it offers a means by which visitors can understand the whole ethos and process of growing wild flowers.

This competition-winning proposal is for a 160-metre-long sculpted inhabited wall which extends through the Park, linking the play/visitor areas with the working area of the Centre within an existing walled garden. The wall is more than simply a building. It is at once a threshold, an enclosure and a link, and its character changes to become different things appropriate to different contexts within the Park.

At the east end the concrete wall is wholly permeable and lined with oak to define covered education areas. Upon entering, this palate is inverted with adjustable oak shutters cloaking an internal skin of concrete to the café bar and offices located at the west end.

An elevated boardwalk caps the wall from which the surrounding parkland and walled garden may be viewed, thus extending the promenade through the Centre.

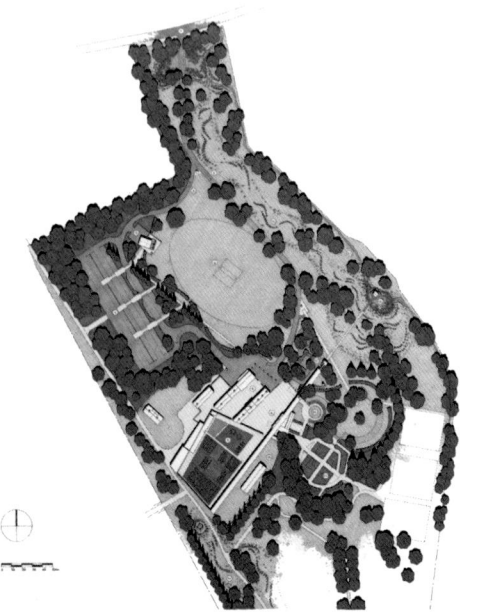

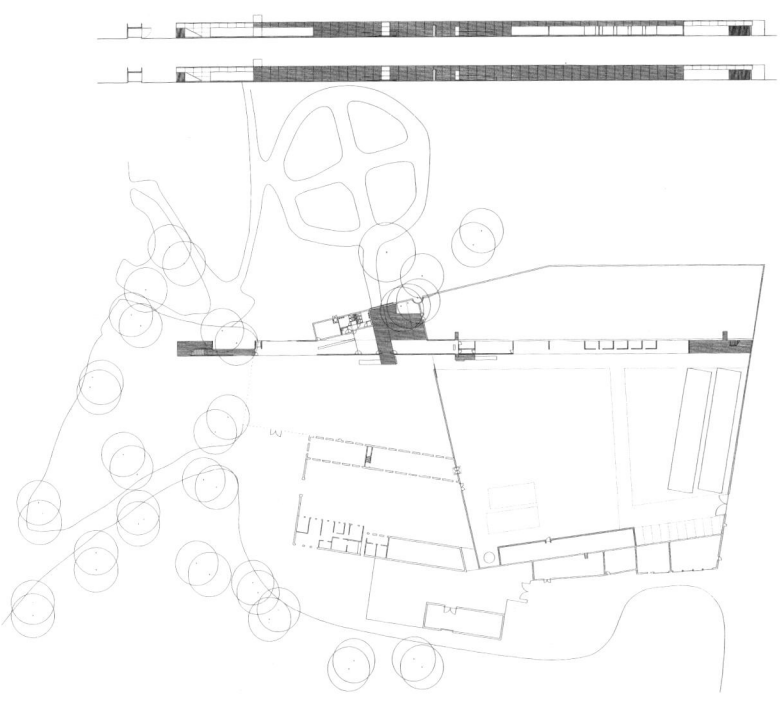

A EXISTING SITE

A great deal of mature vegetation but it lacks structural coherence; buildings and walled garden 'float' in a sea of grass.....

B

Separation is created on an east-west divide by the central position of the built forms.....

C

South of the walled garden and north of the forgot-me-not garden, on the line of the original house, a 'dead zone' exists.....

D CONCEPT

.....link east and west (B) through the dead zone (C), creating a strong architectural statement on which future additions, whether built or planted, can be arranged.....

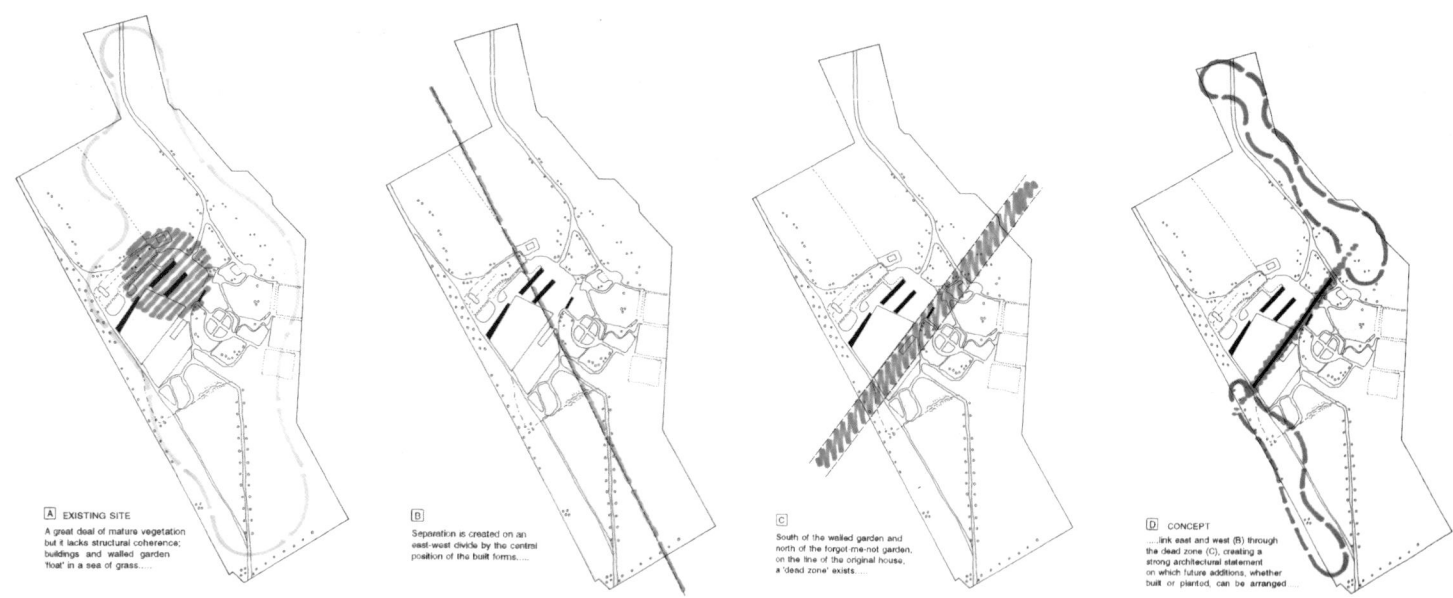

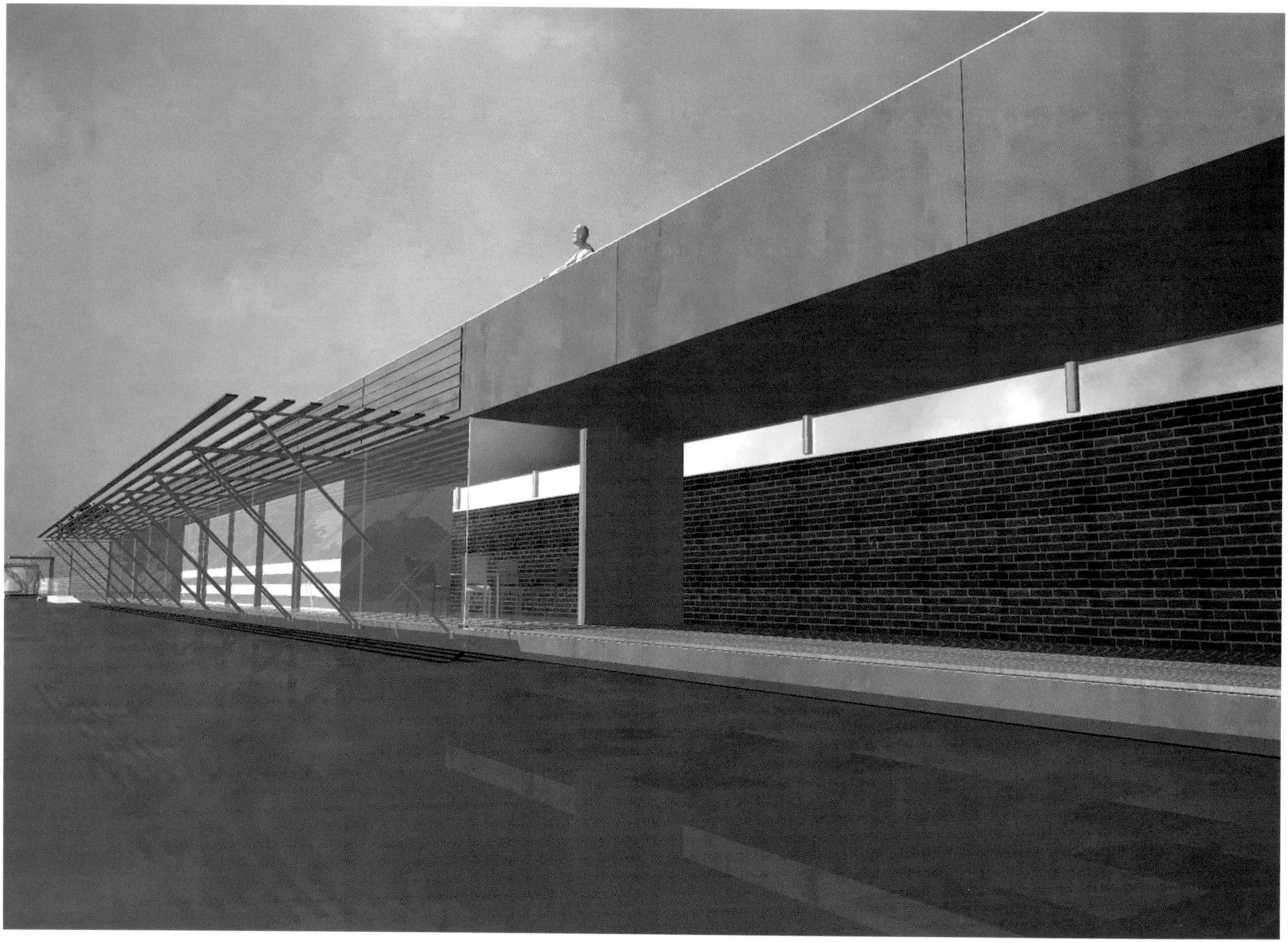

1998

Puente peatonal de Corporation Strett, Manchester

Corporation Street footbridge, Manchester

El 15 de junio de 1996 estalló una bomba en el centro de Manchester provocando 220 heridos y graves consecuencias económicas, físicas y sociales. El puente destrozado que unía dos centros comerciales a lo largo de Corporation Street es uno de los recuerdos más vivos del atentado. El programa de reconstrucción que se está llevando a cabo en la actualidad convocó, en diciembre de 1997, un concurso para el nuevo puente peatonal. La restitución de este puente probablemente pasará a ser un símbolo de la recuperación de la ciudad.

Desde un punto de vista contextual, Corporation Street es una calle lineal que cruza de norte a sur la ciudad para acabar en el espacio cívico Albert Square. El puente adopta la forma de un paraboloide hiperbólico de revolución, mostrándose como una ligera membrana de vidrio a lo largo de la calle. Su transparencia se acentúa gracias al arco, que ofrece un aspecto continuo y cuya simetría ordena visualmente la pendiente del entablado que discurre de lado a lado. En el exterior de la membrana hay dieciocho cables de acero inoxidable además de mecanismos de compresión que giran en forma de espiral, unas veces en la dirección de las agujas del reloj y otras en sentido contrario.

On 15 June 1996 a large bomb exploded, injuring 220 people and causing immense physical damage to the core of Manchester city centre and its social and economic fabric. The shattered footbridge, which connected two shopping centres across Corporation Street remains one of the most vivid images. The renewal programme is now well underway and in December 1997 the competition for a new footbridge was won. Its reinstatement may be seen as a symbol of the City's recovery.

Contextually, Corporation Street is canyon-like and is a significant, linear north-south route through the city, culminating with the civic space of Albert Square. The footbridge takes the form of a hyperbolic paraboloid of revolution and appears as a lightweight glazed membrane stretched across the street. Its transparency is heightened by the arch which permits uninterrupted aspects and whose symmetry optically redresses the change in level of the boardwalk threading through from side to side. Outside the membrane are 18 straight stainless-steel cables and compression members which spiral in an alternating clockwise and anti-clockwise direction.

Biografía/*Biography*

Después de licenciarse en la Escuela de Arquitectura de la Universidad de Manchester, Stephen Hodder se unió, en 1981, al grupo Building Design Partnership de Preston.

Hodder Associates se creó en 1992, el mismo año en que recibió el premio Edificio del Año de la Royal Fine Art Comission/Sunday Times por la piscina Colne en Lancashire. Poco después ganó un concurso restringido para la ampliación del trabajo realizado por Arne Jacobsen en St. Catherine's College de Oxford (categoría I). El grupo fue seleccionado junto con otros seis equipos por Lord Rogers y el Dr. Frank Duffy, antiguo presidente del RIBA para representar a la emergente generación de arquitectos británicos en la exposición celebrada en el Architectural Institute de Japón en Tokio, durante el mes de octubre de 1994. Esta exposición viajó a la Bienal de Saõ Paulo de Brasil y a la Ozone Gallery de Tokio. En 1995, el grupo recibió el primer premio de la Royal Academy Summer Exhibition por los paneles presentados para el concurso de la galería Manchester City Art Gallery.

Recientemente, el grupo ha recibido el premio más importante de la arquitectura británica por el Edificio del Centenario de la Universidad de Salford, se trata del premio Stirling de Arquitectura Edificio del Año concedido por RIBA/Sunday Times. Stephen Hodder es profesor invitado de varias universidades y pronuncia conferencias en colegios profesionales y escuelas de arquitectura del Reino Unido.

En junio de 1998 fue nombrado MBE (Miembro de la Orden del Imperio Británico), en el Queen's Birthday Honour List.

Stephen Hodder was educated at the School of Architecture, University of Manchester, following which he joined Building Design Partnership in Preston in 1981.

Hodder Associates was formed in 1992 and that year the practice won the Royal Fine Art Commission/Sunday Times 'Building of the Year' Award for Colne Swimming Pool in Lancashire. Shortly afterwards it won a limited competition to extend Arne Jacobsen's Grade I Listed St. Catherine's College in Oxford. The practice was selected as one of six practices by Lord Rogers and the former President of the RIBA, Dr Frank Duffy, amongst others, to represent the emerging generation of British Architects in an exhibition at the Architectural Institute of Japan in Tokyo in October 1994, and has recently exhibited at the Bienalle at San Paulo in Brazil and the Ozone Gallery, also in Tokyo. In 1995 the practice was awarded the Grand Prize at the Royal Academy Summer Exhibition, for the panels presented as part of the submission for the Manchester City Art Gallery competition.

Most recently it received the most important award in British architecture for a single building, the inaugural RIBA/Sunday Times 'Building of the Year' Award, the Stirling Prize for Architecture for the Centenary Building, University of Salford.

Stephen Hodder acts as external examiner for several Universities. He also lectures to architectural societies and Schools of Architecture throughout the UK.

He was awarded an M.B.E. in the Queen's Birthday Honours List in June 1998.

Cronología desde 1986

1986 Rehabilitación de la tienda L'Homme, Manchester.
1987 Clínica Furtherwood Lodge, Oldham, Greater Manchester.
1989 Apartamento, Manchester.
Muelle Skegness.
Oficinas y taller de carpintería, Preston, Lancashire.
1991 Piscina en Colne, Lancashire.
Oficinas de Castlegate en Bury, Lancashire.
1992 Centro de Administración y Dirección de Empresas, University College, Salford.
1993 Apartamentos en Lytham St. Anne's, Lancashire.
Consultorio médico Oswald en Chorlton, Manchester.
1994 Residencia de St. Catherine's College, Oxford.
Centro deportivo Goodwin, Universidad de Sheffield.
1995 Renovación del salón de St. Catherine's College, Oxford.
Ampliación de la galería de arte Manchester City Art Gallery. Concurso.
Participación en la exposición British Art Show 4, Manchester.
Centro de Información de Jodrell Bank, Chesire. Concurso.
Centro de Orientación de Heaton Hall, Manchester. Concurso.
1996 Clínica City Road en Hulme, Manchester.
Edificio del Centenario, Universidad de Salford.
1997 Plan general para el nuevo campus de la Universidad de Nottigham. Concurso.
Plan general para el City Centre de Coventry. Concurso.
1998 Club de golf de High Legh Park, Chesire.
Centro deportivo Clissold para el municipio Hackney de Londres.
CUBE, Manchester.
Centro médico Levenshulme, Manchester.
Centro de submarinismo Carpenwray, Cumbria.
Piscina en Darlaston para el Ayuntamiento del distrito metropolitano de Walsall.
Centro Nacional de Botánica, Knowsley, Liverpool.
Centro deportivo en Grange-over-Sands, Cumbria.
Puente peatonal de Corporation Street, Manchester.

Chronology since 1986

1986 L'Homme retail refurbishment, Manchester.
1987 Furtherwood Lodge Nursing Home, Oldham, Greater Manchester.
1989 Apartment, Manchester.
Skegness Pier.
Offices and joinery workshop, Preston, Lancashire.
1991 Swimming pool, Colne, Lancashire.
Castlegate Offices, Bury, Lancashire.
1992 School of Business and Management, University College, Salford.
1993 Apartments, Lytham St. Anne's, Lancashire.
Oswald Medical Practice, Chorlton, Manchester.
1994 Residential accommodation, St. Catherine's College, Oxford.
Goodwin Sports Centre, University of Sheffield.
1995 Junior Common Room refurbishment, St. Catherine's College, Oxford.
Extension to Manchester City Art Gallery. Competition.
Exhibition Design, British Art Show 4, Manchester.
Visitors' Centre, Jodrell Bank, Cheshire. Competition.
Orientation Centre, Heaton Hall, Manchester. Competition.
1996 City Road Surgery, Hulme, Manchester.
Centenary Building, University of Salford.
1997 Masterplan for new campus, University of Nottingham. Competition.
Masterplan for Coventry city centre. Competition.
1998 Golf clubhouse, High Leigh Park, Cheshire.
Clissold Leisure Centre, London Borough of Hackney.
CUBE, Manchester.
Levenshulme Health Centre, Manchester.
Capernwray Diving Centre, Cumbria.
Swimming pool, Darlaston, Walsall Metropolitan Borough Council.
National Wildflower Centre, Knowsley, Liverpool.
Swimming pool, Grange-over-Sands, Cumbria.
Corporation Street footbridge, Manchester.

Bibliografía/*Bibliography*

Premios/*Awards*

Premio del Presidente de la Manchester Society of Architects, 1996/*Manchester Society of Architects' President's Award 1996*

Piscina Colne/*Colne Swimming pool*
Edificio del Año de RFAC/Sunday Times, 1992. Mención de honor de los premios Civic Trust, 1992/ *RFAC/Sunday Times 'Building of the Year', 1992. Commendation, Civic Trust Awards 1992*

St. Catherine's College, Oxford
Mención de honor de los premios Brick Development, 1996. Mención de honor de los premios Civic Trust, 1997/ *Commendation, Brick Development Awards, 1996. Commendation, Civic Trust Awards, 1997*

Consultorio médico Oswald, Manchester/ *Oswald Medical Practice, Manchester*
Premio RIBA, 1994/*RIBA Award 1994*

Paneles del concurso para la Manchester City Art Gallery/ *Manchester City Art Gallery Competition Panels*
Primer premio de la Royal Academy Summer Show, 1995/ *Grand Prize, Royal Academy Summer Show, 1995*

Clínica City Road, Hulme/*City Road Surgery, Hulme*
Premio RIBA, 1996/*RIBA Award 1996*

Edificio del Centenario, Universidad de Salford/ *Centenary Building, University of Salford*
Premio RIBA, 1996. Premio RIBA categoría Educación, 1996. Premio Stirling de Arquitectura de la RIBA, 1996. Premio Civic Trust, 1998/*RIBA Award 1996. RIBA Education Category Award 1996. RIBA Stirling Prize for Architecture 1996. Civic Trust Award 1998*

Centro de Orientación Universitaria, Manchester/ *Careers Services Unit, Manchester*
Premio RIBA 1998/*RIBA Award 1998*

Exposiciones/*Exhibitions*

• *The Future of Parkers Piece*. Proyecto de la mediateca, Cambridge, mayo 1994/*Design of Mediatheque, Cambridge, May 1994*
• *Sense of Place, Sense of Age*. Architectural Institute of Japan, Tokio, Japón, octubre 1994/*Tokyo, Japan, October 1994*
• *Designing for Doctors*. RIBA, Portland Place, Londres, verano 1994/*London, Summer 1994*
• *Buildings for Higher Education*. RIBA, Portland Place, Londres, junio 1996/*London, June 1996*
• *New Works/Future Vision: an Exhibition of British Architecture*. São Paulo, Brasil, noviembre 1997/*Brazil, November 1997*
• *New Urban Environments - British Architecture in a European Context*. Ozone Gallery, Tokio, Japón, enero 1998/*Tokyo, Japan, January 1998*. Hiroshima City Museum of Contemporary Art, Japón, abril 1998/*Japan, April 1998*

Publicaciones y artículos/*Press articles*

Piscina, Colne/*New Swimming pool, Colne*
Sunday Times Review, 16 febrero/*February* 1992
Sunday Times Magazine, 28 junio/*June* 1992
Architects' Journal, 29 julio/*July* 1992
Building, 31 julio/*July* 1992
RIBA Journal, noviembre/*November* 1992
The Best of British Sport, publicación del Departamento de Deportes/*Sports Council Publication*, 1992
Building, 18 junio/*June* 1993
Impianti, febrero/*February* 1994

Ampliación de St. Catherine's College, Oxford/ *Extension to St. Catherine's College, Oxford*
Building Design, 2 abril/*April* 1993
Sunday Times Culture, 1 enero/*January* 1994
RIBA Journal, febrero/*February* 1995
Blueprint, febrero/*February* 1995
The Independent, 1 marzo/*March* 1995
Architects' Journal, 18 mayo/*May* 1995
Brick Bulletin, otoño/*Autumn* 1995
International Architecture Yearbook, volumen/*Volume* 3
Extending Modern Buildings, 1995
New Architecture Series (Rizzoli), 1996
International Architecture Yearbook (Images Publishing), 1997

Edificio del Centenario, Universidad de Salford/
Centenary Building, University of Salford
Architects' Journal, 23 marzo/*March* 1994
RIBA Journal, febrero/*February* 1996
Sunday Times, 31 marzo/*March* 1996
Sunday Times, 10 noviembre/*November* 1996
Financial Times, 11 noviembre/*November* 1996
The Times Higher Educational Supplement,
14 noviembre/ *November* 1996
The Guardian, 22 noviembre/*November* 1996
The Times, 22 noviembre/*November* 1996
Sunday Times, 24 noviembre/*November* 1996
New Architecture Series (Rizzoli), 1996
Spazioe e Società, octubre-diciembre/
October-December 1997
International Architecture Yearbook (Images Publishing),
1998

Centro de Administración y Dirección de Empresas,
University College/*New Centre for Business &*
Management, University College, Salford
Architects' Journal, 23 marzo/*March* 1994

Mediateca, Cambridge/*Mediatheque, Cambridge*
Building Design, 20 mayo/*May* 1994

Escuela de Dirección de Empresas y de Estudios
de Mercado, UMIST/*New School for Business*
Management and Consumer Studies, UMIST
Building Design, 28 octubre/*October* 1994

Centro deportivo, Universidad de Sheffield/
New Sports Centre, University of Sheffield
Architects' Journal, 29 junio/*June* 1995
Building Design Supplement, Towards 2000,
noviembre/ *November* 1995.

Ampliación de la galería Manchester City Art Gallery/
Manchester City Art Gallery Extension
RIBA Journal, febrero/*February* 1995
Architects' Journal, 1 junio/*June* 1995
Museum News, otoño/*Autumn* 1995

Muelle Skegness/*Skegness Pier*
Architects' Journal, 4 octubre/*October* 1989

Muelle central, Blackpool/*Central Pier, Blackpool*
Architects' Journal, 31 mayo/*May* 1989

Ideas Olímpicas/Olympic Ideas
Blueprint, octubre/*October* 1992
Blueprint, julio/*July* 1993

Consultorio médico Oswald, Manchester/
Oswald Medical Practice, Manchester
RIBA Journal, noviembre/*November* 1993
Building Design, 26 noviembre/*November* 1993
Sunday Times, 1 mayo/*May* 1994
Architects' Journal, 23 marzo/*March* 1994

Clínica City Road, Manchester/
City Road Surgery, Manchester
Architects' Journal, 18 julio/*July* 1996
Who's Who in Healthcare, 1996
FX Magazine, septiembre/*September* 1996
Future Premises for Primary Health Care, NHS
Estates/RIBA publication, 1997

Renovación del *Junior Common Room* de St. Catherine's
College, Oxford/ *Refurbishment of Junior Common*
Room, St. Catherine's College, Oxford
RIBA Journal, julio/*July* 1996

Consultorio médico, Platt Lane, Manchester/
Doctor's Surgery, Platt Lane, Manchester
Building, 27 septiembre/*September* 1996

Centro médico Egerton & Dunscar, Bolton/
Egerton & Dunscar Health Centre, Boston
Building, 27 septiembre/*September* 1996

Apartamentos, Lytham St. Anne's, Lancs/
Apartments, Lytham St. Anne's, Lancs
Building Design, 14 de enero de 1994

Escuela Federal de Administración y Dirección
de Empresas, Universidad de Manchester/
New Federal School of Business and Management,
University of Manchester
Building, 8 noviembre/*November* 1996

CUBE, Manchester
Architects' Journal, 7 diciembre/*December* 1995
Architects' Journal, 11 abril/*April* 1996
Building Design, 11 octubre/*October* 1996

Centro deportivo Clissold, Hackney/
Clissold Sports Centre, Hackney
Architects' Journal, 24 julio/*July* 1997

Centro de Orientación Universitaria, Manchester/
Careers Services Unit, Manchester
Architects' Journal, 10 septiembre/*September* 1998

Artículos generales/*General articles*

'A seat in the Hall of Fame', *Building Design*, 1 julio/*July* 1994.
'Profile', *Architects' Journal*, 23 marzo/*March* 1994.
'The Profession must come off the fence', *Architects' Journal*, 4 mayo/*May* 1995.
'Cost Awareness can secure an Architect's role', *Architects' Journal*, 11 mayo/*May* 1995.
'Project Management is not a threat', *Architects' Journal*, 18 mayo/*May* 1995.
'Only Architects have the "vision thing"', *Architects' Journal*, 25 mayo/*May* 1995.
'My Kind of Town', *Architecture Today*, octubre/*October* 1995.
'Profile', *Building*, 13 diciembre/*December* 1996.
'Foster Child', *RIBA Journal*, diciembre/*December* 1996.
'Learning from Lasdun', *Royal Academy Exhibition Review*, Design Magazine, primavera/*Spring* 1997.
'Turned on - a campaign for better Christmas lights', *RIBA Journal*, diciembre/*December* 1997.
'Building Favourites', *Architects' Journal*, 26 marzo/*March* 1998.

Colaboradores/*Contributors since inception*

Michael Lees	Rudyard Sawers
Susan Hodder	Vetus Lau
Gay Dicken	Patrick Monaghan
Clare Bennett	Theo Bishop
Jahangir Arji	Stephen Witton
Jonathan Sanderson	Gary Colleran
Sarah A Easthman	Helen Roberts
Martyn John	Martin Gibson
Andrew McConachie	Ondřej Hrubeš
Paul Bunn	Adrian Friend
Lolyon Brewis	Rod McAllister
Gillian Brierton	Simon Warren
Michael Middleton	Maurice Shapero
Richard Blackwell	Andrew Thomas
Catherine Law	Catherine Cunny
Chris Welan	Steward Jones
Gerard Cowser	Victoria Hilton
Richard Atkinson	Peter Williams
Christian Male	Andy Vaughan
Georgina Hall	Jonathan Kendal
Paul Moores	Elizabeth Latham
Stephen Marshall	Thomas Reinke
Kate Fletcher	Ted Watson
Neil Swift	
Neil Clark	
Madeleine Adams	
Keith Andres	
Robert Evans	
John Holt	
Steven Fitzwilliam	
David Brindley	

Créditos/*Credits*

Fotografía/*Photography*

L'Homme: Roger Parkers.
Piscina Colne/*Colne Swimming pool*: Jonathan Moore.
St. Catherine's College: Peter Cook. Maqueta/*Model*: Phil Cawley.
Consultorio médico Oswald/*Oswald Medical Practice*: Cris Gascoigne.
Clínica City Road/*City Road Surgery*: Dennis Gilbert.
City Art Gallery, Maqueta/*Model*: Phil Cawley.
Edificio del Centenario/*Centenary Building*: Dennis Gilbert.
Centro deportivo Clissold/*Clissold Sports Centre*: Andrew Putler, Peter Davies.
Centro de Orientación Universitaria/*Careers Services Unit*: Peter Cook.
CUBE: Peter Cook.

Dibujos y planos/*Drawings*

Planos de situación/*Location plans*:
Universidad de Nottigham/*University of Nottingham*.
Centro deportivo Clissold/*Clissold Sports Centre*.
Centro Nacional de Botánica/*National Wildflower Centre*: Dominic Scott, Robert Rummey Associates.

Maquetas/*Models*

Piscina Colne/*Colne Swimming pool*: Vision UK.
St. Catherine's College: Ken Peacock, Richard Armiger, The Network Modelmakers.
City Art Gallery: Brian Thomson.
Edificio del Centenario/*Centenary Building*: Peter Howcroft.
Centro deportivo Clissold/*Clissold Sports Centre*: Richard Armiger, The Network Modelmakers.